www.magisterio.com.co

Colección saber SABER
**Ciudadanía**

Diagonal 36 Bis No. 20-58 Park Way - La Soledad
Bogotá - Colombia
(0571) 338-3605 (06)
www.magisterio.com.co

ISBN: 978-958-20-1279-3

Primera edición 2017
Impresión: _



*Catalogación en la publicación - Biblioteca Nacional de Colombia*

Aldana León, Wilson
Saber-SABER Ciudadanía Guía profesor / Wilson Aldana León. -- 1a. ed. - Bogotá: Editorial Magisterio, 2017.
p. 92 (Saber SABER)

Incluye referencias bibliográficas.
ISBN 978-958-20-1279-3

1. Educación cívica 2. Educación basada en competencias I. Título II. Serie

CDD: 307.76 ed. 23 CO-BoBN- a999863

saber **SABER**

# Ciudadanía

Guía del maestro

**Wilson Aldana León**

Cooperativa Editorial Magisterio

# Contenido

# Presentación

La formación en competencias ciudadanas es una tarea importante que debe asumir el sector educativo involucrando a cada uno de los estamentos que lo conforman; implica formar en los niños, niñas y jóvenes de nuestra sociedad las competencias que les permitan ser mejores ciudadanos en un país que reclama personas idóneas, éticas y con criterio para participar de los procesos de desarrollo social en cada una de sus comunidades.

Como todo proceso de formación, la educación ciudadana requiere del desarrollo de conceptos, actitudes y destrezas para lograr la formación de personas reflexivas, críticas y responsables para con su familia, localidad, pueblo o ciudad a la que pertenezcan, de manera que puedan organizarse como comunidad en un contexto social y político. Esto significa construir un sentido de identidad con su territorio y entorno, de sentirse parte de su patria y nación.

En este sentido, ser buen ciudadano requiere de una serie de competencias que permitan a cada niño, niña y joven participar inteligentemente en la identificación de los problemas y necesidades grupales y sociales, para generar acciones legítimas y participativas que den solución a los mismos.

El presente texto tiene como destinatarios a los profesores que se desempeñan en el área de ciencias sociales, políticas, ética, filosofía y afines, que están comprometidos con su propia formación ciudadana y dedicados a su trabajo a partir de sus propias convicciones, desde las cuales buscan generar y fortalecer en los estudiantes competencias ciudadanas en la parte cognitiva, práctica y social, buscando la preparación de las Pruebas Saber.

Las Pruebas Saber sobre competencias ciudadanas, del Instituto Colombiano para la Evaluación de la Educación (ICFES), hacen un diagnóstico de la medida en que los estudiantes han alcanzado los estándares de competencias ciudadanas, con el fin de que cada institución educativa identifique sus fortalezas y debilidades en el área, pueda diseñar planes de mejoramiento y evaluar los resultados de las innovaciones pedagógicas propuestas en cada lugar.

Teniendo en cuenta el trabajo que el Ministerio viene realizando en la educación básica y secundaria sobre las competencias ciudadanas, se considera importante presentar a los educadores un libro que fundamente, oriente y permita fortalecer conceptos, estructura y otros lineamientos de las pruebas en competencias ciudadanas, que ayude a formar a los niños, niñas y jóvenes para dichas pruebas y que, especialmente, permita tener elementos para hacer de ellos seres humanos y ciudadanos comprometidos.

Es evidente que las pruebas en competencias ciudadanas requieren del desarrollo de unas habilidades para que los estudiantes puedan dar cuenta asertivamente de una serie de conocimientos y ciertas competencias emocionales, comunicativas y cognitivas necesarias para poder contribuir a la convivencia, participar en los eventos democráticos y responder ante los conflictos de manera regulada, como exige su entorno familiar, institucional y social.

# Las competencias ciudadanas en la formación humana

El presente capítulo busca plantear algunos fundamentos conceptuales sobre formación ciudadana, como una propuesta para apoyar el desarrollo de las competencias y los conocimientos que necesitan niños, niñas y jóvenes del país para ejercer su derecho de actuar como agentes activos y constructivos de la sociedad. Teniendo en cuenta el reto enorme que esto implica para los maestros, y considerando las circunstancias actuales del país, este apartado cobra una mayor relevancia, especialmente cuando se trata del estudio de lo que se ha llamado competencias ciudadanas.

La clave está en dar la formación de manera reflexiva y deliberada, teniendo claras las características de los ciudadanos que deseamos para el futuro en la construcción de nuestra sociedad; de ahí los temas que se desarrollarán a continuación, los cuales buscan delinear un camino de reflexión, análisis y fundamentación de las competencias ciudadanas en la formación humana.

## Naturaleza de las competencias ciudadanas

La formación de las competencias que requieren los niños, niñas y jóvenes del país es una tarea compleja, tanto como lo es la convivencia y el desarrollo de seres humanos competentes en el ámbito privado y público. Tal labor supone apoyar el desarrollo de competencias y conocimientos necesarios para ejercer los derechos ciudadanos y, para ello, se plantean en este capítulo algunos temas que resultan claves a la hora de conceptualizar, fundamentar y hacer consciencia de la formación ciudadana, reto enorme para el magisterio colombiano.

### ¿Qué es una competencia?

En primer lugar, es necesario aclarar que el término competencia no se refiere a una "palabra de moda", no corresponde, como se ha pretendido desde el sector educativo, a un enfoque que pertenece estrictamente al ámbito laboral. Por ello es necesario contextualizar el concepto teniendo en cuenta los conocimientos, aptitudes, actitudes y personalidad; así, se puede afirmar que competencia es la forma como una persona utiliza todos sus recursos personales, ya sean habilidades, conocimientos o experiencias, para resolver de forma adecuada una tarea en un contexto definido; la competencia se manifiesta y se adquiere de forma diferente según el contexto y los aprendizajes.

Es en este sentido que Frade (2009) expresa que la competencia es un conjunto de conocimientos que, al ser utilizados mediante habilidades de pensamiento en distintas situaciones, genera diferentes destrezas en la resolución de los problemas de la vida y su transformación. De la misma forma, Mastache (2001) afirma que las competencias son el conjunto de conocimientos, habilidades, destrezas, actitudes, valores, creencias y principios que se ponen en juego para resolver los problemas y situaciones que emergen en un momento histórico determinado, el que le toca vivir al sujeto que interactúa en el ambiente.

Las competencias son capacidades que la persona desarrolla en forma gradual y a lo largo de todo el proceso educativo; son evaluadas en diferentes etapas, por ejemplo, además de las habilidades básicas, en la etapa escolar brindan al estudiante la capacidad de captar el mundo circundante, ordenar sus impresiones, comprender las relaciones entre los hechos que observa y actuar en consecuencia. Para que ello se cumpla no se necesita una memorización sin sentido de asignaturas paralelas, ni siquiera la adquisición de habilidades relativamente mecánicas, sino de saberes transversales susceptibles de ser actualizados en la vida cotidiana, que se manifiesten en la capacidad de resolución de problemas diferentes de los presentados en el aula escolar. No solo transmiten saberes y destrezas manuales, sino que buscan contemplar los aspectos culturales, sociales y actitudinales que tienen que ver con las capacidades de las personas.

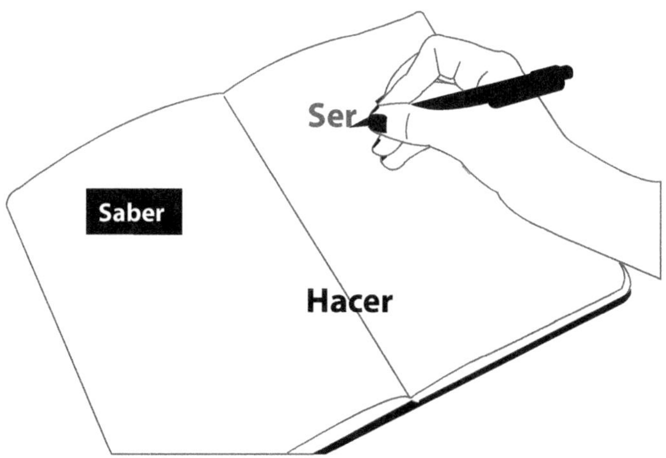


Las competencias se refieren a las capacidades complejas, las cuales a su vez poseen distintos grados de integración y se expresan en una gran variedad de situaciones propias de los diversos ámbitos de la vida personal y social. Son expresiones de los distintos grados de participación activa y desarrollo personal en los procesos sociales. El concepto de competencia pone el acento en los resultados del aprendizaje, en lo que el niño o niña es capaz de hacer al término del proceso educativo y en los procedimientos que le permiten continuar aprendiendo de forma autónoma a lo largo de la vida; capacidades que incluyen conocimientos, actitudes y destrezas que se logran mediante procesos de aprendizaje y se manifiestan en el desempeño dentro de situaciones y contextos diversos.

El marco conceptual expuesto se impone sobre la literatura que trata el tema desde la perspectiva de la gestión empresarial o el campo laboral, en los cuales se entiende las competencias como estados relacionados con aptitudes, intereses y rasgos definidos por los superiores de una persona que se desempeñará en un puesto determinado.

Lo que se plantea es una respuesta a la nueva demanda de la sociedad actual en materia educativa. Una educación que, antes de enfocarse en la pura adquisición de conocimientos, se orienta al desarrollo de destrezas y habilidades que resulten útiles a la hora de desenvolverse de manera autónoma en la vida diaria. Es decir que, además de permitir un aprendizaje de conocimientos, facilita a los estudiantes la aplicación de los mismos en un contexto real, comprendiendo lo estudiado y teniendo la capacidad de integrar los distintos aprendizajes, ponerlos en relación y utilizarlos de manera práctica en las posibles situaciones o contextos que deban enfrentar.

## El concepto de ciudadanía

El concepto de ciudadanía es clave para esta propuesta conceptual de las competencias ciudadanas, por lo que abarca e implica a la hora de trabajar la formación ciudadana y por la trascendencia del término en los contextos político y social.

Un primer punto para comenzar con el tema es entender la ubicación como un status jurídico y político mediante el cual el ciudadano adquiere unos derechos como individuo (civil, político, social) y unos deberes respecto a la comunidad de su nación, además de la facultad de actuar en la vida colectiva de un Estado. Esta facultad surge del principio democrático de soberanía popular.

Como categoría socio-política la ciudadanía hace parte de la dinámica de permanente construcción y cambio de la sociedad. El concepto no corresponde solo a acciones como votar en elecciones, gozar de la libertad de expresión, recibir beneficios sociales del Estado o cualquier otra experiencia específica, pues ellas son parte de las distintas prácticas democráticas. La noción de ciudadanía es más global y estricta en cuanto intenta definir la naturaleza de los individuos como sujetos sociales, en permanente relación con la colectividad desde el momento que nacen y se hacen partícipes de los Derechos Humanos, civiles, políticos, económico-sociales, colectivos y globales.

En este sentido, la ciudadanía está ligada al conjunto de derechos de las personas como sujetos y los deberes que de ellos se derivan. Ese conjunto de derechos se plantea paralelo al desarrollo de la sociedad y ha evolucionado con ella vinculado a la libertad, al derecho a la organización social y política, a los sistemas educativos y al Estado del Bienestar[1]. Ser ciudadano de pleno derecho hoy implica: "desde el derecho a un mínimo bienestar y seguridad económica, hasta el compartir al máximo el patrimonio social y a vivir la vida de acuerdo con los estándares imperantes en la sociedad" (Jelin, 1997, p. 190).

Entendida así, la ciudadanía supera el mero concepto legal estipulado en la ley colombiana cuando garantiza el derecho a ejercerla a los nacionales o extranjeros reconocidos como colombianos, que hayan cumplido los dieciocho años de edad y tramitado su respectivo documento de identidad. Una visión limitada, ligada estrictamente a la legislación y a un requisito o condición jurídica que permite ejercer ciertos derechos políticos y sociales.

Contrario a una denominación únicamente legal, el ejercicio de la ciudadanía implica el desarrollo de los conceptos, actitudes y destrezas que se requieren para ser un miembro activo, reflexivo, responsable y crítico de un pueblo que busca organizarse permanentemente como comunidad política democrática. Esto requiere del estudio del carácter histórico y estructural de dicha comunidad, de los principios políticos que la animan, de las fuerzas sociales que la sostienen, de la distribución del poder y de una identificación afectiva con la misma, es decir, del desarrollo de un sentido de identidad nacional.

Al tiempo, la ciudadanía requiere de una serie de competencias en las que se combinan conceptos, actitudes y destrezas para la investigación social, la lectura crítica de la realidad, la deliberación y la acción política, de tal forma que permitan participar inteligentemente en la identificación de problemas y necesidades sociales y buscar consensos para articular un proyecto histórico de solución a los mismos.

## Las competencias ciudadanas

En principio es posible destacar que las competencias ciudadanas se plantean como habilidades para participar activa y plenamente de la vida cívica; incluyen conocerse y valorarse, saber comunicarse en diferentes contextos, expresar las ideas propias y escuchar las ajenas comprendiendo los diferentes puntos de vista y valorando los intereses individuales y grupales. Se trata de un conjunto de habilidades que pueden clasificarse en: cognitivas, emocionales y comunicativas, las cuales es necesario desarrollar desde la infancia para construir vías que permitan vivir con los otros y actuar constructivamente en la sociedad (MEN, 2003).

Las competencias ciudadanas, que permiten participar en la sociedad, son, por ejemplo: el conocimiento de los mecanismos constitucionales útiles en la protección de los derechos fundamentales, como la Tutela (fundamental para participar

1 Para ampliar el término se recomienda la lectura de Jelin, E. *Cuadernos de estudios políticos,* año 3, No. 7 (1997), p. 189.

democráticamente y lograr el respeto de los derechos consagrados en la Carta Política); la capacidad para imaginar alternativas creativas de solución pacífica de conflictos entre personas o grupos; el reconocimiento y manejo de las emociones propias, fundamental para relacionarse pacíficamente con los demás; o la capacidad para escuchar atentamente los puntos de vista ajenos, aunque sean contrarios a los propios, fundamental para vivir en una sociedad donde tenemos que construir a partir de las diferencias.

Entonces, las competencias ciudadanas son una serie de actitudes, conocimientos y habilidades comunicativas, emocionales, cognitivas e integradoras que funcionan de manera articulada para que todas las personas sean sujetos sociales activos de derechos, es decir, para que sea posible ejercer plenamente la ciudadanía respetando, difundiendo, defendiendo, garantizando y restaurando los derechos. Entendidas así, se constituyen en un conjunto de comportamientos socio-afectivos y de habilidades que permiten llevar a cabo adecuadamente un desempeño, una función, una actividad o una tarea en el orden social y político.

También se considera que, trabajadas en los niños, niñas y jóvenes, las competencias ciudadanas se presentan como capacidad para expresar con mayor propiedad los pensamientos, decidir lo mejor para resolver dilemas encontrando la forma justa de conciliar los propios deseos y propósitos junto a los de los demás. Con ellas los niños desarrollan habilidades que les permiten examinarse, reconocer sus reacciones y actos; entender por qué es justo actuar de una manera y no de otra; expresar sus opiniones con firmeza y respeto; cumplir acuerdos y proponer, entender y respetar las normas. Aprenden a construir en el debate y a ganar confianza, encontrando acuerdos de beneficio mutuo, convirtiéndolos en oportunidades para crecer sin vulnerar las necesidades de las otras personas.

***Figura 1.*** Dimensiones para la acción ciudadana

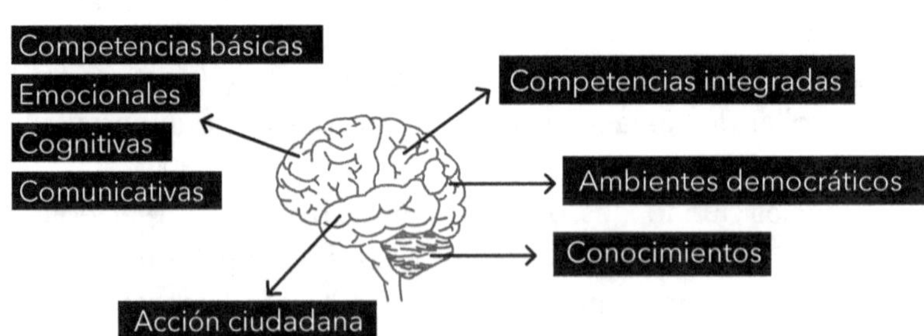

Dichas habilidades permiten a los estudiantes una mayor capacidad para transformar la vida de los colegios y de sus familias, llegando a la posibilidad de construir una nueva sociedad pacífica, democrática y respetuosa de las diferencias, tanto en el entorno cercano (familia, amigos, aula, institución escolar), como en la comunidad nacional e internacional.

## Marco legal de las competencias ciudadanas

En un país como Colombia, marcado por una historia de desigualdades sociales, largas décadas de violencia, brechas de pobreza y exclusión, entre otras condiciones, surge un gran reto para que todos y cada uno de sus habitantes y ciudadanos se comprometa con la sociedad en un sentido crítico y participe activamente sintiéndose responsable por cambiar la comunidad, las organizaciones e instituciones, buscando una patria justa, equitativa, de derechos y democrática. Este reto, está determinado en la Constitución Política como un mandato: "toda persona está obligada a cumplir la Constitución y las leyes [...] el ejercicio de los derechos y libertades reconocidos en esta Constitución implica responsabilidades" (Artículo 95).

A continuación se presenta la normatividad relacionada con las competencias ciudadanas, indicando el referente legal y un breve comentario.

***Tabla 1***. Normatividad relacionada con las competencias ciudadanas

| **Constitución política de Colombia (1991), Artículo 41**<br><br>Enseñanza de la Constitución<br><br>La Carta Magna determina que en todas las instituciones de educación es obligatorio el estudio de la Constitución y la Instrucción Cívica. Además, expone la importancia de fomentar prácticas democráticas para el aprendizaje de los principios y valores de la participación ciudadana. Se afirma la necesidad de redefinir la formación cívica tradicional, pasando a una que desarrolle las competencias necesarias para el ejercicio activo de la ciudadanía en niños, niñas y jóvenes; condición a partir de la cual actúen en la definición del propio destino como individuos y como sociedad |
|---|
| **Constitución política de Colombia (1991), Artículo 67**<br><br>Derecho a la educación<br><br>En este apartado se desarrollan los fines de la educación, haciendo énfasis en un proceso de formación social, ético, cívico y axiológico, de respeto a la vida, a la autoridad legítima, a la ley y a los Derechos Humanos, que trabaje por la paz y los principios democráticos para facilitar la participación de todos |

| **Ley general de educación, Ley 115 (1994), Artículo 1**<br><br>Objeto de la ley<br><br>Se define como objetivo primario la responsabilidad del sistema educativo para trabajar en un proceso de formación permanente, personal, cultural y social, basado en una concepción integral de la persona humana, de su dignidad, sus derechos y deberes |
|---|
| **Ley General de Educación (básica y media) (1994), Artículo 4**<br><br>Establece la formación en el respeto a la vida y a los demás Derechos Humanos, a la paz, a los principios democráticos, de convivencia, pluralismo, justicia, solidaridad y equidad, así como en el ejercicio de la tolerancia y de la libertad. Además, fundamenta la unidad nacional e identidad desde el estudio y la comprensión crítica de la cultura nacional y de la diversidad étnica y cultural del país |
| **Ley General de educación, Ley 115 (1994), Título II, Artículo 13**<br><br>Objetivos comunes a la educación integral<br><br>Define el desarrollo integral de los educandos como objetivo primordial de todos y cada uno de los niveles educativos, a partir de una búsqueda por fortalecer la capacidad de asumir con responsabilidad y autonomía los derechos y deberes; consolidando la formación ética y moral, animando la práctica del respeto a los Derechos Humanos y fomentando el ejercicio de experiencias democráticas para el aprendizaje de los principios y valores de la participación y organización ciudadana |
| **Ley General de educación, Ley 115 (1994), Título II, Artículo 14**<br><br>Sobre enseñanza obligatoria<br><br>Establece la enseñanza de temas, habilidades y actitudes relacionadas con el ejercicio de la ciudadanía, útiles para tratar la construcción de una sociedad democrática, participativa, pluralista e intercultural. Este trabajo implica seriedad para trasversalizar acciones pertinentes con las competencias ciudadanas en el currículo; formación que compete a todas las instancias de la institución escolar, las cuales pueden contribuir a la formación ciudadana integrándola con la enseñanza de sus áreas académicas |
| **Decreto 1860 (agosto 3, 1994), Artículo 14**<br><br>Contenido Proyecto Educativo Institucional<br><br>Resalta que para lograr la formación integral de los educandos, es necesario realizar acciones pedagógicas relacionadas con la educación para el ejercicio de la democracia y para los valores humanos |

Como se puede ver, la Constitución y las leyes nacionales establecen el quehacer de la educación, de las comunidades educativas y de las instituciones, con relación a la formación ciudadana. Corresponde por su parte a quienes son responsables de la educación integrar programas y proyectos que fomenten las competencias ciudadanas en sus diseños curriculares.

## Contexto general de las competencias ciudadanas

### Contexto humano

Continuando con la contextualización de las competencias ciudadanas, es necesario ubicar el tema en el ámbito de lo humano, pues trabajarlas implica un ejercicio propiamente del ciudadano, de la persona que en su accionar evidencia autónomamente su capacidad para desenvolverse en el ambiente que vive; se definen especialmente en el sujeto capaz de integrar en su existencia unos principios políticos, dados por la Constitución, y unos derechos fundamentales; al tiempo, se reconocen en la persona capaz de establecer maneras de actuar ante los diferentes conflictos y en las distintas organizaciones sociales.

Todo lo anterior implica necesariamente que los estudiantes adquieran conocimientos suficientes para comprender y fundamentar su accionar como ciudadanos. En este sentido, es importante integrar competencias que articulen dichos conocimientos con las dinámicas de la vida, como los conflictos, las emociones, las relaciones, la toma de decisiones y las múltiples y complejas situaciones de lo cotidiano.

***Figura 2***. La educación para la ciudadanía implica diversidad

Integrando las competencias a la vida cotidiana se logra que cada individuo asuma un rol determinado cuando actúa en contexto y que no sea ajeno a las estructuras y organizaciones que le rodean, facultándole para asumir los constantes cambios sociales y los retos en el devenir de la vida. Así como el contexto social es el campo de acción para que el sujeto desarrolle las competencias como ciudadano, el individuo es el principal agente dinamizador, transformador y gestor del medio. Tal perspectiva lleva a prácticas efectivas que se pueden considerar como competencias ciudadanas, pues el proceso implica la construcción de ciudadanía en términos de participación activa y eficaz de las personas, de la comunidad y de la sociedad en conjunto.

De esta manera se da una formación ciudadana a partir del trabajo colectivo entre la sociedad y el individuo; una construcción orientada a fortalecer la capacidad de los sujetos desde reglas de juego cuyos referentes son principios, normas, valores y opiniones que parten de lo colectivo, por ejemplo los Derechos Humanos como horizonte ético. Así, las competencias ciudadanas ratifican un proceso de organización y participación desde la educación y promoción de un sujeto identificado y comprometido con la sociedad, autónomo, solidario justo y dinámico, expresiones que son acciones de formación ciudadana, competencias de un conjunto de habilidades que busca promoverse desde su vínculo con el ejercicio colectivo y organizado de la ciudadanía.

Los programas de formación ciudadana deben plantear diversidad de prácticas que impulsen el desarrollo de individuos con criterio y manifestación colectiva, a partir de pautas y estrategias de acción política caracterizadas por formas directas de democracia, orientadas hacia la participación social y ciudadana directa, propia de los ciudadanos cuando exigen sus derechos; con un interés por influir sobre las decisiones en aquellos aspectos que son de carácter social.

Por eso es importante recordar que las organizaciones y movimientos sociales son el espacio donde se da la participación ciudadana como la expresión más significativa del ejercicio de lo colectivo; a su vez ésta permite incorporar otras expresiones culturales y simbólicas como la protesta social, la desobediencia y la resistencia civil, en el marco de una democracia más justa, equitativa e incluyente.

El marco del ejercicio de la participación ciudadana se da como una experiencia formativa relacionada con un conjunto amplio de prácticas que capacitan al ciudadano para participar en procesos de acuerdos colectivos, tales como: tener un conocimiento claro y crítico de la realidad local, regional y nacional; distinguir los mecanismos que el marco normativo contempla para favorecer la participación ciudadana; tener competencias comunicativas y sociales que permitan expresar iniciativas, y negociar y concertar situaciones conflictivas.

## Contexto normativo

Un segundo contexto que fundamenta la formación en competencias ciudadanas es la praxis de la norma, la cual parte de la necesidad de definir un ideal común de justicia que provea a los ciudadanos de un conjunto de derechos y pautas normativas que propicien su expresión y participación activa; por ello es prioritario definir claramente principios que determinen la justicia y la verdad como puntos esenciales en la vida de cada una de las instituciones, de tal forma que sean reconocidos por todos los actores sociales como marco de regulación de la sociedad.

Entonces, es importante promover la construcción colectiva de reglas de juego que aseguren la convivencia y la participación alrededor de lo comunitario, por ejemplo: en los acuerdos de organizaciones, instituciones o agrupaciones sociales prevalecerá el interés colectivo y un conjunto de virtudes cívicas como la tolerancia, la autonomía, el diálogo, la razonabilidad, la cooperación y la equidad, entre otras.

Cada orientación desde lo ético político debe constituirse a través de procesos formativos, de tal forma que puedan ser traducidos en conocimientos, valores, normas y prácticas desde la familia, la escuela, la comunidad y los distintos grupos sociales. En este sentido, la formación en competencias ciudadanas implica supuestos como:

- Definir las competencias con los principios de los Derechos Humanos y los valores democráticos; sus componentes deben encarnar valores como la libertad e igualdad, la justicia social o la verdad y reparación como ejemplos de una base en donde tiene lugar la acción colectiva.
- Orientar los procesos de formación de las competencias ciudadanas hacia la exigencia de unos mínimos de equidad e igualdad social que actúen como marco de la estructura básica de la sociedad.
- Promover el actuar reflexivo y razonable para tomar distancia de formulaciones e ideologías particulares y acríticas, basándose en la verdad y fiabilidad de las normas pluralistas, abiertas a la construcción colectiva. Así, es urgente formar en mecanismos de conciencia que aborden múltiples argumentos y posturas, para que le sea posible al sujeto revisar sus criterios y construir con otros un conjunto de razones que sustenten los diversos actos. La racionalidad es clave para que unos y otros puedan explicar los principios de sus acciones como sujetos libres e iguales; por tanto es imperativo formar un ciudadano sensible, capaz de discernir, distinguir y juzgar lo conveniente y posible en el contexto social.
- Consolidar los valores que orientan y rigen a los ciudadanos y sus grupos, asociaciones, instituciones y organizaciones, respecto a la atención

y cumplimiento de sus demandas como sujetos de derechos; estos principios operan como referentes para ponderar las consecuencias previsibles de las acciones en relación al bien público y a la convivencia ciudadana como expresión del sentido de lo colectivo.

— Identificar y proponer las capacidades y habilidades asociadas con la formación de las competencias ciudadanas, para fortalecer la capacidad de acción colectiva de las organizaciones como fundamento del fortalecimiento social.

— Posibilitar un sistema de cooperación basado en el principio de que las diversas acciones de los individuos no se den solo por iniciativa propia, sino desde los distintos movimientos sociales; para ello, se debe orientar el ejercicio de participación a partir del imperativo cívico implícito en el concepto de bien público, desde la perspectiva de que los asociados vean lo que tienen en común para, con ello, convocar a un debate creativo sobre la definición de las reglas que los regulan.

Lo anterior demarca el horizonte y los elementos que implican los procesos de formación ciudadana, exponiendo algunos referentes para asumir la noción de competencias ciudadanas como una categoría que abarca aspectos cognitivos, afectivos, actitudinales y motivacionales, supuestos normativos y morales, relacionales y comunicativos, que se configuran en un marco de acción colectiva desde el cual los actores sociales imprimen sentido a su acción ciudadana.

La práctica pedagógica debe reconocer su papel directo en el marco de las competencias ciudadanas, teniendo como meta promover procesos que faciliten al sujeto reflexionar sobre su estado como parte de la comunidad y establecer la corresponsabilidad social de sus acciones. Una pedagogía con proyección ciudadana busca impulsar en los actores sociales las habilidades de acción colectiva, para que contextualicen la ciudad y el país en un mundo global, de tal forma que sean lo que ellos desean, construyendo mecanismos para potenciar su acción ciudadana desde las estructuras y redes sociales. Tal perspectiva se plantea para que el ciudadano participe activamente en la significación del sentido de lo político, lo público y social, y se instauren nuevos criterios de legitimación de la sociedad civil y de una nueva cultura ciudadana.

## Las competencias ciudadanas en el contexto escolar

Todos los colegios forman en ciudadanía a sus estudiantes, pero hay una enorme variedad en la manera como se lleva a cabo esta formación; en algunos casos ocurre casi exclusivamente de manera implícita, a través de lo que se ha llamado currículo oculto, es decir, por medio de las prácticas cotidianas en el aula y en la institución que reflejan ciertos valores y normas, los cuales, aunque no se hagan explícitos, sí generan aprendizaje en los estudiantes.

***Figura 3.*** Proyectos en competencias ciudadanas

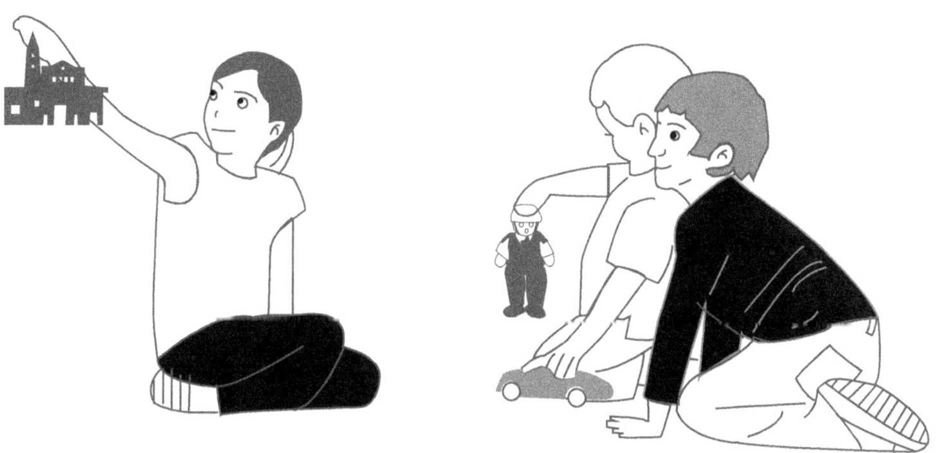

Este aprendizaje ocurre en muchos casos sin que los docentes se lo propongan. Así, aunque las prácticas en el aula y en la institución generan aprendizajes, lo mejor es que la formación ciudadana ocurra, en lo posible, de manera intencionada y explícita. En muchos colegios es común la presencia de una asignatura dedicada a la formación ciudadana que generalmente corresponde al área de Constitución y Democracia o de Ética y Valores Humanos, estas clases son fundamentales y deben aprovecharse como espacios valiosos para el aprendizaje y la práctica de las competencias ciudadanas. No obstante, lo importante es que la formación ciudadana ocurra de manera integral en todas las áreas académicas y en la vida misma de la institución.

## Las competencias en la escuela

En un país que necesita recuperar su identidad y civismo, es necesario replantear la educación para la ciudadanía y la democracia impartida en las instituciones educativas. Antes que una cátedra de cívica, ver temas sobre la Constitución o realizar actividades aisladas durante el año escolar, como las elecciones de representantes estudiantiles, es importante generar un espacio de reflexión y formación dentro de las aulas, en el que se fomente el desarrollo de competencias ciudadanas a través del análisis de las relaciones cotidianas de los estudiantes, abarcando el medio local, regional, nacional y mundial.

Formar en competencias ciudadanas es fundamental en el proceso de enseñanza y aprendizaje escolar, debe organizarse de tal forma que se logre un ejercicio pleno de la ciudadanía y, especialmente, de acciones para la participación, en un marco de reconocimiento de la dignidad de todo ser humano, el cual tiene directa relación con la exigencia y el respeto de los Derechos Humanos como ejes que dan significado a la vida cotidiana. Así, es en el aula de clase donde la escuela fortalece el proceso de aprendizaje de las competencias ciudadanas, ya que es el espacio por excelencia en el cual se establecen las relaciones entre los distintos actores, donde se potencian conocimientos, acciones, valores, creencias, sueños, proyectos y prácticas.

La escuela y el aula son los espacios para desarrollar el proceso formativo, las áreas académicas y cada momento del ambiente escolar, junto a las diversas acciones y la apertura de espacios de diálogo con los estudiantes, permiten a los docentes promover el desarrollo de competencias ciudadanas. Tal clima facilita el intercambio de elementos culturales y conocimientos, imperan normas y distintos patrones que permiten el nacimiento y desarrollo de dinámicas sociales, afectivas, de reconocimiento y confianza para estudiantes y docentes. Los verdaderos ambientes de aprendizaje cuentan con dinámicas que constituyen los procesos educativos e involucran acciones, experiencias, vivencias y, en fin, las múltiples relaciones entre los participantes y el entorno.

## Las competencias en el aula

El espacio por excelencia para visibilizar la formación ciudadana es el aula, en ella se da el trabajo directo con los estudiantes, es el ambiente primario para la construcción del ser democrático, pacífico, respetuoso e incluyente. Un escenario de permanente diálogo y reflexión crítica que se vincula con los demás ambientes de aprendizaje de los estudiantes; en él los docentes pueden construir desde las interacciones con los alumnos, desde las situaciones asociadas con aspectos de la vida y los hechos cotidianos en la familia, la localidad o la ciudad, que favorecen la promoción de oportunidades para la acción y la reflexión ciudadana.

Aprovechar el espacio del aula de esa forma implica ir más allá de los contenidos por área, significa producir escenarios nuevos y distintos aprovechando las relaciones sociales y culturales de los alumnos, pues estas prácticas serán las que impactan en el desarrollo de competencias ciudadanas; por ejemplo, se puede construir con ellos el manual de convivencia, organizar las reglas de los juegos deportivos, diseñar la promoción de las actividades democráticas, lograr acuerdos para las formas de participación, dialogar y discutir en clase, crear el código de ética y organizar los líderes y grupos para la resolución de conflictos; estas son simples alternativas que involucran a los estudiantes como ciudadanos comprometidos con su propia realidad.

En tal sentido, es importante reconocer los conocimientos que hacen parte del proceso de formación ciudadana, esenciales para orientar y soportar el desarrollo de habilidades y actitudes en un trabajo articulado de las distintas áreas. Por ejemplo, desde la Constitución y Democracia se relacionan saberes básicos sobre instituciones, leyes, procesos y valores democráticos que permiten a los ciudadanos ejercer sus derechos y respetar los de los demás; mientras que desde la educación en Ética y Valores Humanos se forma en cada persona el ánimo por el respeto, defensa y promoción los derechos fundamentales, que bien pueden relacionarse con las situaciones de la vida cotidiana.

***Figura 4.*** El aula y las competencias básicas

Estos ejemplos o cualquier otro punto de relación son una oportunidad para desarrollar algunas competencias cognitivas, como el pensamiento crítico, y poner en práctica la resolución de conflictos como competencia integradora, además de algunas competencias comunicativas, incluidas la argumentación y la deliberación, entre otras. En general, las competencias ciudadanas desarrolladas en el aula de clase favorecen la formación integral desde aspectos como: lo intelectual, lo humano, lo social y lo profesional.

Formación intelectual. Tiende a fomentar en los estudiantes el pensamiento lógico, crítico y creativo, necesario para el desarrollo de conocimientos propios en ciudadanía, así como a propiciar una actitud de aprendizaje permanente que permita la autoformación. Un estudiante formado así desarrolla habilidades para razonar, analizar, argumentar, inducir y deducir, que le permiten generar y adquirir nuevos conocimientos para la solución de problemas.

Formación humana. Es un componente necesario de la formación integral, se relaciona con el desarrollo de actitudes y la integración de valores que influyen en el crecimiento personal y social del ser humano como individuo y ciudadano; debe abordar al estudiante en sus dimensiones emocional, espiritual y corporal.

Formación social. Fortalece los valores y las actitudes que permiten al sujeto relacionarse y convivir con otros. Propicia la sensibilización, el reconocimiento y la correcta ubicación de las diversas problemáticas sociales, fortaleciendo el trabajo en equipo, el respeto por las distintas opiniones y por la diversidad cultural.

Formación profesional. Orientada a la creación de habilidades, conocimientos y actitudes encaminadas al saber hacer para la vida laboral; incluye nuevos saberes que favorezcan la inserción favorable de los estudiantes en el mundo del trabajo

## Aportes de las competencias ciudadanas a la formación integral

La formación integral parte de la idea de desarrollar equilibrada y armónicamente diversas dimensiones del sujeto que lo lleven a formarse en lo intelectual, lo humano, lo social y lo profesional; busca que los estudiantes desarrollen procesos educativos informativos y formativos; los primeros dan cuenta de marcos culturales y académicos, los segundos del desarrollo de habilidades y la integración de valores expresados en actitudes.

***Figura 5.*** Formación integral

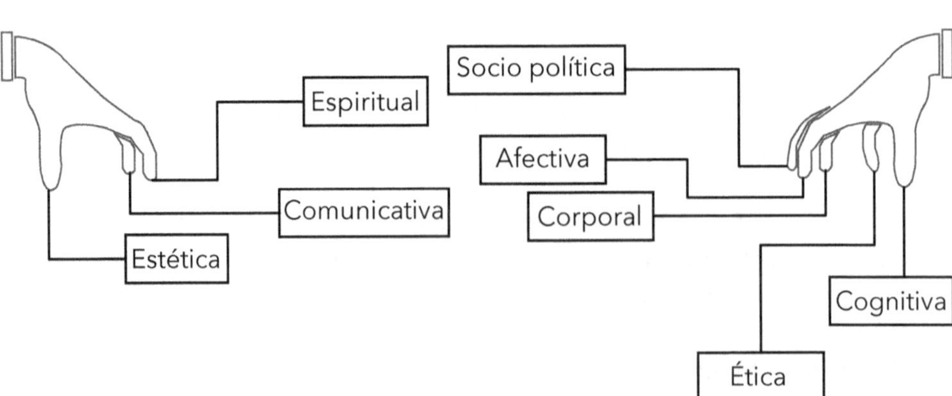

Dicho lo anterior, es pertinente aclarar algunos términos involucrados en la formación integral. Así, comúnmente en la práctica educativa se emplea el término de habilidad para referirse al potencial de un individuo de adquirir y manejar nuevos conocimientos o destrezas. Por su parte, las actitudes se pueden definir como una forma relativamente estable de predisposición de conducta que permite reaccionar ante determinados objetos, situaciones o conocimientos; algunas actitudes son básicas y comunes a todos los individuos y a distintas etapas de su desarrollo, mientras que otras se diferencian dependiendo del nivel educativo y del contexto en el que se desenvuelvan.

Los valores son entes abstractos que las personas consideran vitales y que se encuentran muy influenciados por la sociedad; definen juicios y actitudes y se refieren a lo que el individuo aprecia y reconoce, rechaza o desecha. En cierta forma son el hilo conductor que califica y da sentido a una actitud y se encargan de mover las decisiones y actividades en el ámbito de la educación, son útiles para guiar las metas y procedimientos de aprendizaje.

Con la llegada del siglo XXI el énfasis curricular recae en la formación de los estudiantes, no en una información enciclopedista, ya que un individuo bien formado cuenta con las actitudes y herramientas para el constante auto-aprendizaje, a través de las bases que ha creado al educarse de una manera integral. En este sentido, aunque muchos colegios aún siguen desarrollando procesos tradicionales con diseños curriculares segmentados, en general las instituciones educativas propenden por la educación integral en cada uno de los estudiantes.

Los proyectos que propenden por lo integral parten esencialmente de diseños por grupo de asignaturas, se unen para generar ejes de formación trasversal orientados, por ejemplo, desde valores humanos, caso en el cual se busca formar a un ser capaz de enfrentar cada una de las situaciones de su entorno, considerando el análisis y la crítica oportuna como factores esenciales para estructurar la personalidad y lograr una mejor y sana convivencia, en donde la integridad es parte de una búsqueda de todos los miembros de la comunidad. Se realizan planes de estudio que favorecen principios de educación para la vida desde proyectos pedagógicos que integran los conocimientos al aprendizaje practico y humanista, recuperando ejes desde lo social, cultural y político.

La formación ciudadana supone apoyar el desarrollo de las competencias y conocimientos que necesitan niños, niñas y jóvenes del país para ejercer su derecho a actuar como personas capaces de apoyar la construcción de la sociedad. Esta acción se da desde la intervención activa y responsable en las decisiones colectivas, la participación democrática, la tendencia a resolver los problemas en forma dialogada y pacífica y el respeto por la pluralidad e individualidad humanas.

En suma, la formación ciudadana no solo sucede en el aula, sino en cada una de las actuaciones de las personas cuando interactúan con otros; ella supone el concurso de un conjunto de conocimientos y competencias cognitivas, emocionales, comunicativas e integradoras, las cuales, articuladas entre sí, hacen posible actuar de manera constructiva en la sociedad democrática.

***Figura 6.*** Elementos que intervienen en la formación integral

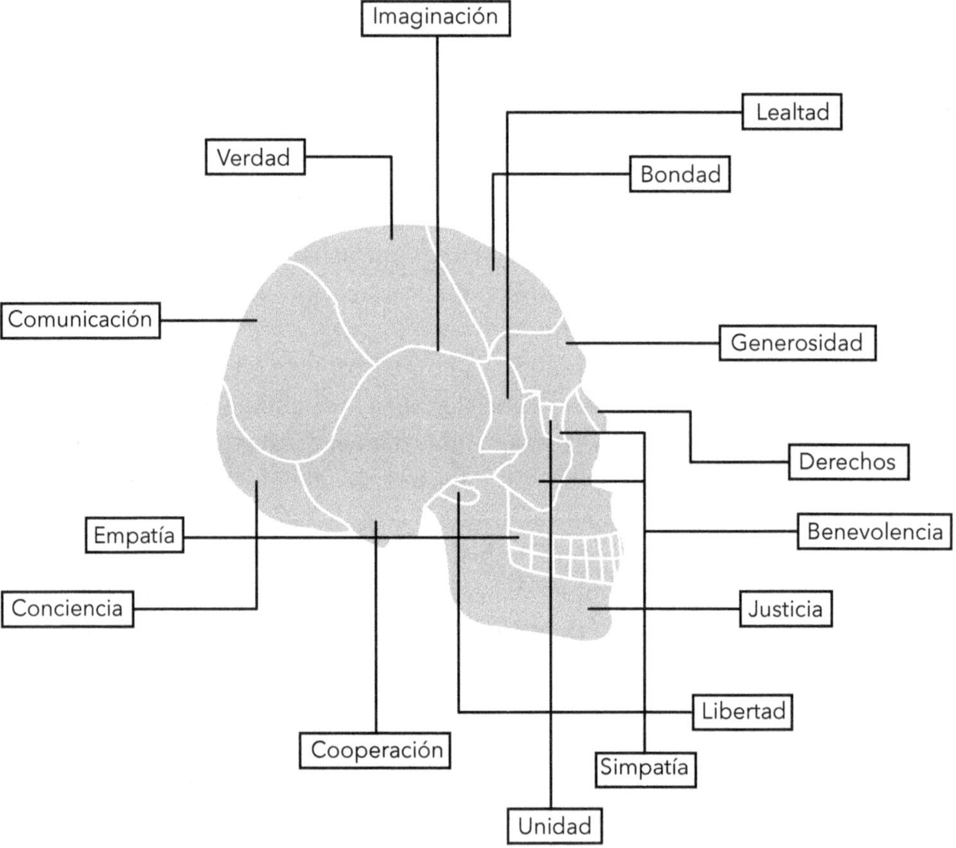


Así, manejar conflictos de manera pacífica y constructiva requiere de ciertos conocimientos sobre sus dinámicas, de competencias cognitivas como tener ideas y opciones creativas ante una situación conflictiva, de competencias emocionales, como auto-regular la agresividad, y de ciertas competencias comunicativas, como transmitir asertivamente los propios intereses. Por eso es importante formar a los estudiantes para que cuenten con las competencias y conocimientos necesarios que les permitan relacionarse con otros constructiva y pacíficamente, sin recurrir a la violencia, viéndoles como seres con los mismos derechos y deberes, buscando la protección de los Derechos Humanos y de acuerdo con la Constitución Política.

Es claro que esta concepción no supone la ausencia de conflictos, pues cuando se comparte un espacio es de esperar que surjan diferencias en cuanto a los intereses de quienes cohabitan y que, por tanto, sea necesario buscar alternativas para llegar a consensos. De lo que se trata es de formar a los estudiantes para que estén en capacidad de resolver sus diferencias mediante el diálogo, sin acudir a la violencia. En este sentido, es primordial reconocer el potencial de todos los seres humanos, incluso de los más pequeños, para participar activamente en la construcción de los acuerdos, las normas y las acciones colectivas que promuevan los intereses públicos.

La mejor manera de promover este tipo de acciones es a partir de la experiencia cotidiana en cada uno de los contextos, sea la familia, la escuela o la comunidad; a su vez, un modo efectivo de promover valores es aplicarlos allí mismo, una tarea que involucra a toda la comunidad desde la construcción de ambientes que le permitan vivir lo que quiere y comparte.

En la medida en que niños, niñas y jóvenes del país aprendan a ejercer su ciudadanía de manera competente, será posible que los ambientes en los que se desenvuelven se vayan transformando para favorecer la democracia, la paz y la pluralidad. A su vez, las transformaciones que los adultos puedan lograr en los distintos ambientes (aula, escuela, casa, barrio, entre muchos otros) para que sean más democráticos y constructivos, favorecerán el desarrollo de las competencias ciudadanas en niñas, niños y jóvenes, las cuales se desarrollan dentro y fuera de los contextos educativos.

En ese sentido, es esencial promover ambientes democráticos que favorezcan el ejercicio de las competencias ciudadanas, para lograr la acción ciudadana. Por ejemplo, las innovaciones educativas que busquen desarrollar competencias para la participación democrática, tendrán un mayor impacto si se brindan muchas ocasiones para que los educandos puedan participar en decisiones sobre asuntos reales de la vida cotidiana (en el aula, la escuela, familias y comunidades). El aprendizaje y la práctica de las competencias ciudadanas requieren de ambientes de participación, de diálogo y acuerdos en la escuela y la familia. Así, las competencias ciudadanas no solo están limitadas por el contexto, sino que a su vez pueden contribuir a cambiarlo; es decir, se espera que permitan al ciudadano contribuir a su formación integral.

## El desarrollo de las competencias ciudadanas

El apartado anterior permite no solo entender y justificar el trabajo que se ha venido dando a nivel nacional sobre el aporte de las competencias ciudadanas a la formación integral, sino verlo como una necesidad global. Se trata del apoyo a la investigación y la acción en torno a cómo lograr que las políticas y los diseños de programas educativos tengan especial atención para facilitar el desarrollo de las competencias ciudadanas en niños y jóvenes, reconociendo que los colegios pueden ser los escenarios que permitan dicho trabajo.

Junto a la escuela deben operar otras redes de apoyo, como la familia y el Estado, que es el primer motor del proceso; máxime cuando la sociedad nacional reclama justicia, tolerancia, reparación, acuerdos e igualdad en derechos para desarrollarse plenamente y evitar flagelos históricos que se multiplican en la actualidad, como la violación de derechos, la violencia y la decadencia social e institucional fruto de la corrupción, entre tantos problemas sociales, políticos y económicos.

Por ello, para responder a las demandas de una educación para la convivencia y la ciudadanía, el Ministerio de Educación Nacional ha desarrollado el Programa de Competencias Ciudadanas, el cual incluye: la formulación de los estándares de competencias ciudadanas como criterios claros y públicos que permiten establecer cuál es la enseñanza que deben recibir los estudiantes durante su proceso de formación; y la evaluación externa a través de la aplicación de las Pruebas Saber para Competencias Ciudadanas, que busca identificar el estado de desarrollo de los conocimientos relevantes para el ejercicio de la ciudadanía, las actitudes hacia la ciudadanía, las acciones ciudadanas, los ambientes democráticos, las competencias cognitivas y el manejo de emociones.

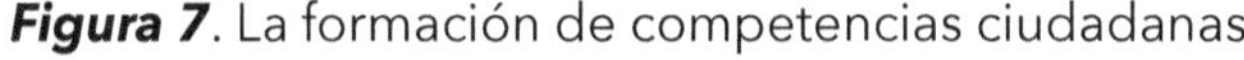

***Figura 7***. La formación de competencias ciudadanas

Tales medidas permiten a las escuelas priorizar factores para su plan de mejoramiento, y al Ministerio y secretarías organizar acciones de apoyo y motivación para que los colegios puedan: formular e implementar iniciativas y experiencias para mejorar la convivencia escolar y las relaciones interpersonales; sensibilizar a los estudiantes sobre temas asociados a los Derechos Humanos, el respeto por los demás y los valores sociales y, sobre todo, trabajar para transformar costumbres y generar conciencia sobre la justicia, la igualdad, la inclusión y la paz.

La idea es promover la formación de mejores ciudadanos, entendiendo esto como eje esencial de una educación integral; para hacerlo, se plantea el desarrollo de algunas competencias, tales como la comunicación efectiva, la capacidad de resolución de conflictos y la de trabajar en equipo, como ejemplos de una base para mejorar el desempeño de los ciudadanos en casi todas las esferas de la vida, incluyendo la académica, la laboral y la de reducción de conductas de riesgo en los niños y jóvenes. Esto las convierte en factor clave de los proyectos para mejorar la calidad educativa y promover la convivencia pacífica.

A pesar de su importancia, de los esfuerzos, de la existencia de lineamientos y de una conceptualización variada, aún faltan estrategias prácticas y efectivas que permitan ver cómo se adquieren y desarrollan estas habilidades en el sistema educativo. Un ejemplo concreto es la unidad de los Ministerios de Educación de Chile, Colombia, Guatemala, México, Paraguay y República Dominicana, en la conformación del Sistema Regional de Evaluación y Desarrollo de Competencias Ciudadanas de la Región. Frente a ello, han surgido en la región iniciativas y ejercicios para evaluar estudiantes y docentes y obtener una base de análisis comparativo sobre el estado de desarrollo de las competencias ciudadanas.

En este sentido, un trabajo en competencias ciudadanas responde a los desafíos que los procesos de desarrollo local y regional le imponen a las instituciones escolares. La poca o pasiva participación de quienes hacen parte de las instituciones de la comunidad, el desinterés por preservar lo público o los débiles lazos de solidaridad y de cooperación, son situaciones que plantean retos para las nuevas generaciones y para los sistemas educativos.

Por eso es importante manejar un constante interés por revisar y profundizar en las ideas y acciones que los colectivos de niños y jóvenes manejan acerca de la formación ciudadana y del sentido sobre la formación humana en el marco de la responsabilidad y la cooperación, de tal forma que sea posible detectar aquellas que contribuyan a profundizar en los valores de la democracia, y así realizar cambios en estilos de vida que han detenido el desarrollo de las instituciones sociales y comunitarias de la ciudad.

Visto de esta forma, el aporte de la formación ciudadana al desarrollo local y nacional tiene que ver con las dimensiones de la persona, con los aspectos socio afectivo y cognoscitivo que potencian las habilidades y competencias ciudadanas como eje transversal y específico dentro de las instituciones educativas.

## Estructura de las competencias ciudadanas

El concepto de ciudadanía propuesto en los *Estándares Básicos de Competencias Ciudadanas* (MEN, 2004), parte de la premisa de que el ser humano se caracteriza por vivir en sociedad; así, las relaciones humanas son necesarias para sobrevivir y dar sentido a la existencia. Desde el momento mismo del nacimiento, niños y niñas empiezan a aprender a relacionarse con otras personas y a entender qué significa vivir en sociedad; éste es un aprendizaje que continúa toda la vida.

Las relaciones no son sencillas; muchas veces los intereses individuales no coinciden con los de otros y ello genera tensiones que dificultan la convivencia y la organización social (Mockus y Corzo, 2003). Resolver estas tensiones es una tarea compleja, tanto que a pesar de que el ser humano lleva miles de años viviendo en sociedad, sigue aprendiendo a convivir y explorando distintas maneras de organizarse políticamente. Por esta razón, es muy importante el desarrollo de las competencias para relacionarse con otras personas y participar activamente en la construcción social como actores políticos.

Entonces, desde los Estándares Básicos, la propuesta de formación ciudadana considera la complejidad del ser humano y contempla el desarrollo integral necesario para posibilitar la acción constructiva en la sociedad. Esto significa transformar la educación tradicional en Cívica y Valores (y las áreas afines), que ha privilegiado la transmisión de conocimientos, para apoyar, en cambio, el desarrollo de seres humanos competentes emocional, cognitiva y comunicativamente, y la integración de dichas competencias (emocionales, cognitivas y comunicativas) en el ámbito privado y público, favoreciendo así el desarrollo moral.

En ese sentido, los Estándares de Competencias Ciudadanas establecen gradualmente lo que deben saber y saber hacer los estudiantes según su nivel de desarrollo, con la intención de que puedan ejercitar esas habilidades en su hogar, en su vida escolar y en otros contextos. Con ello, la educación se propone formar el pensamiento y fomentar el desarrollo moral de los seres humanos como aspectos fundamentales para la formación ciudadana, entendiendo el desarrollo moral como el avance cognitivo y emocional que permite a cada persona tomar decisiones cada vez más autónomas y realizar acciones que reflejen una mayor preocupación por los demás y por el bien común.

Dicho lo anterior, y de acuerdo con las metas establecidas para la formación ciudadana, a continuación se expone una organización de los Estándares Básicos de Competencias Ciudadanas a partir de: conocimientos básicos; competencias cognitivas; competencias emocionales y competencias comunicativas (MEN, 2006).

## Conocimientos básicos

Los conocimientos se refieren a la formación que deben saber y comprender los estudiantes acerca del ejercicio de la ciudadanía, teniendo claro que dicha formación no es suficiente para el ejercicio efectivo de la misma y que por eso se complementa con las demás competencias; por ejemplo, para intervenir en un sistema democrático es necesario conocer los mecanismos de participación, pero manejar tal conocimiento no garantiza una práctica efectiva del mismo, no lleva a que automáticamente se utilicen esos mecanismos y, sin embargo, no conocerlos sí hace más probable su omisión práctica.

***Figura 8.*** Conocimientos básicos

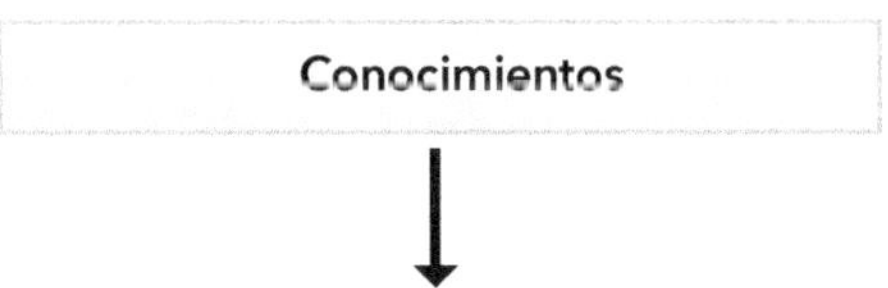


Información que debe saber todo ciudadano sobre derechos humanos, estructura del estado, constitución, sociedad, etc., necesarias para el ejercicio de la ciudadania.

Uno de los aspectos principales en la formación ciudadana es el conocimiento de los derechos fundamentales; es decir, saber cuáles son los derechos de las personas, los diversos mecanismos creados en nuestro contexto para su protección y cómo usarlos, facilita a los ciudadanos la posibilidad de exigir su respeto. Un ejemplo de esos mecanismos es la Tutela, creada con la Constitución Política de 1991.

## Competencias cognitivas

Este ítem se refiere a la capacidad para realizar diversos procesos mentales que son fundamentales en el ejercicio ciudadano. Por ejemplo, la habilidad para identificar las consecuencias de una decisión; la capacidad para ver la misma situación desde el punto de vista de las personas involucradas; o las destrezas de reflexión y análisis crítico, entre otras; considerando que no es lo mismo tener información sobre una norma y entender su importancia para la vida escolar.

***Figura 9***. Competencias cognitivas

**Competencias cognitivas**

↓

Capacidades para el desarrollo de procesos mentales que involucran el ejercicio de la ciudadanía

| **Interpretar** | **Argumentar** | **Proponer** |
|---|---|---|
| Identificar y comprender las ideas fundamentales en una comunicación o un mensaje, para comprender las relaciones | Habilidad del razonamiento en cuanto a la explicación; se justifican las ideas, se dan razones, se establecen los propios criterios, se interactúa con el saber | Engranaje creativo de los elementos para formar un sentido nuevo: desarrolla el pensamiento, puesto que requiere de una síntesis, de un cambio o transformación de las ideas |

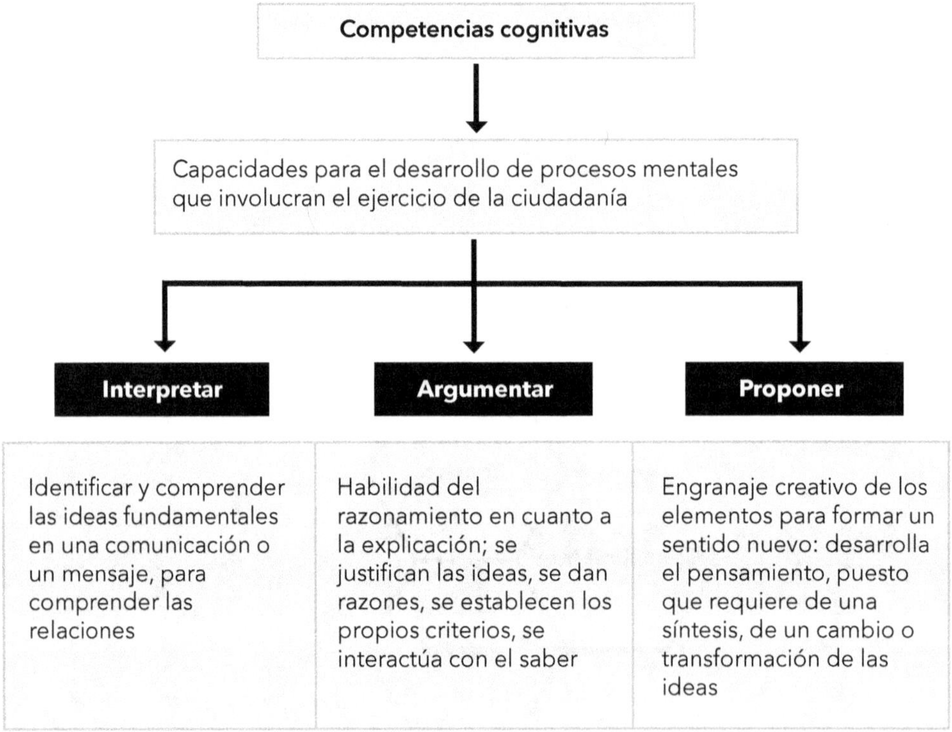

Las competencias cognitivas se constituyen como capacidades útiles para realizar diversos procesos mentales. En este caso, para llevar a cabo los procesos que favorecen el ejercicio de la ciudadanía. Algunas de estas competencias cognitivas son:

**Toma de perspectiva.** Habilidad para ponerse mentalmente en el lugar del otro para lograr acuerdos de beneficio mutuo e interactuar pacífica y constructivamente con los demás. Se trata de comprender los distintos puntos de vista que intervienen en una situación determinada.

**Interpretación de intenciones.** Habilidad para evaluar debidamente las intenciones y propósitos implícitos en las acciones de otros. Cuando una persona interpreta de manera hostil las intensiones de los demás, es muy probable que recurra fácilmente a la agresión, deteriorando las relaciones y la convivencia.

**Generación de opciones.** Destreza para imaginar creativamente diversas maneras de resolver un conflicto o problema social. Muchas veces las personas pueden recurrir fácilmente a la fuerza o la agresión para resolver las situaciones porque no cuentan con otras alternativas.

**Consideración de las causas.** Pericia para decodificar una situación problemática (naturaleza, alcance y severidad) comprendiendo su naturaleza y dinámica, identificando los factores críticos y estableciendo claramente las causas.

**Consideración de consecuencias.** Capacidad para estimar los distintos efectos en cada alternativa de acción, detectando los efectos que pueden tener para la propia persona, para los cercanos y lejanos e incluso para el medio ambiente, y observando que los alcances pueden ser de corto, mediano y largo plazo. Pensar en las consecuencias de las propias acciones hace más probable la elección de una alternativa que beneficie a todos.

**Metacognición.** Habilidad de una persona para verse a sí misma y reflexionar sobre ello, considerando lo que hace, piensa o siente; con ella se hace posible un manejo más consciente del ser, pues permite identificar los propios errores que suceden durante la interacción con otros y corregir, si es el caso, el comportamiento.

**Pensamiento crítico.** Destreza para cuestionar y evaluar la validez de cualquier creencia, afirmación o fuente de información; permite cuestionar lo que ocurre en la sociedad e identificar alternativas frente a los aspectos de la realidad que se quieren cambiar.

## Competencias emocionales

Reconocer y trabajar estas competencias implica una atención directa a factores como: las emociones, imprescindibles para el desarrollo de la vida; los sentimientos, que como resultado de una **emoción** permiten al sujeto ser consciente de su estado anímico; y la modulación o regulación de las emociones, con la cual es posible tener una respuesta cercana a lo que la situación amerita.

***Figura 10.*** Competencias emocionales

Competencias emocionales

| **Identificación de las propias emociones** | **Manejo de las propias emociones** |
|---|---|
| Reconocer y nombrar las emociones en sí mismo | Dominio sobre las propias emociones |
| **Empatía** | **Identificación de las emociones de los demás** |
| Sentir algo compatible con lo que puedan estar sintiendo otros | Necesaria pero no suficiente para sentir empatía |

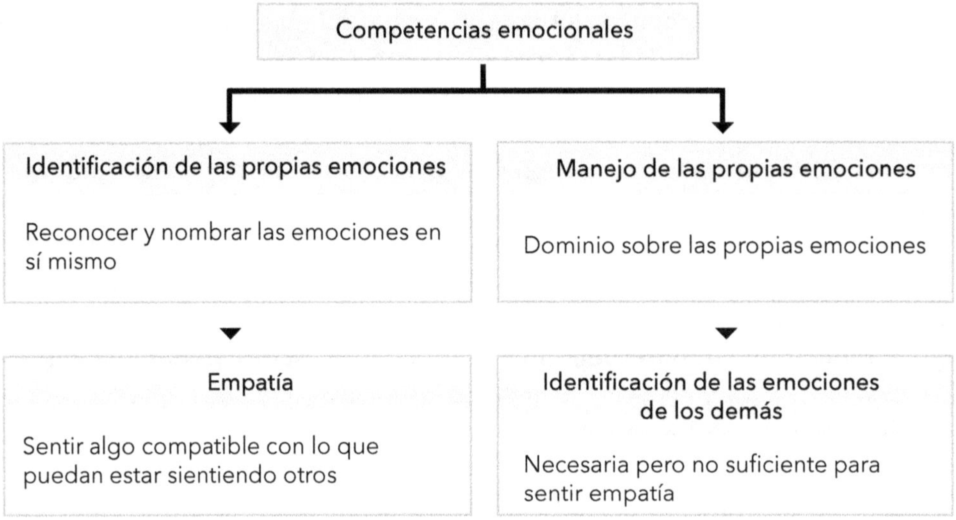

***Figura 11.*** Elementos que intervienen en las competencias emocionales

**Emoción**

| |
|---|
| Contructo psicológico que une cuatro aspectos: lo cognitivo - subjetivo, fisiológico, funcional y expresivo, que se suelen dar conjuntamente a la experiencia afectiva |
| Las emociones son fenómenos sociales, puesto que comunican nuestro estado de ánimo a los demás. Comprenden un sentido expresivo que se da porque la persona "se siente afectada". Siempre será necesario un componente u oponente vivo al cual transmitir esa vivencia afectiva personal |

Sentimientos, son emociones conceptualizadas que determinan el estado de ánimo

| |
|---|
| Cuando los sentimientos son sanos, el estado anímico alcanza la felicidad y la dinámica cerebral fluye con normalidad. De lo contrario, el estado anímico no está en equilibrio y pueden surgir trastornos |
| La modulación de las emociones implica modificar la respuesta que damos ante una situación determinada, ya se puede presentar una respuesta fisiológica, conductual o experiencial |

Las competencias emocionales son necesarias para identificar y responder constructivamente ante las emociones propias y las de otros; su ejercicio involucra aspectos como:

**Identificación de las propias emociones.** Capacidad para reconocer y nombrar las propias emociones, identificando los signos corporales y los niveles de intensidad asociados con ellas; establecer las emociones que intervienen en los entornos sociales permite una respuesta competente.

**Manejo de las propias emociones.** Habilidad para dominar las propias emociones; no se trata de desaparecerlas, sino de manejarlas para que éstas no determinen las respuestas ante el medio. El miedo y la rabia pueden llevar a perder el control y a situaciones de conflicto, la idea es contar con recursos para manifestarlos dentro de parámetros justos.

**Empatía.** Destreza para sentir lo que otro siente, para conectar la propia emoción con la de otro; por ejemplo, sintiendo pena por el sufrimiento ajeno o alegría por el gozo de otros. Esta competencia es fundamental para el desarrollo de la solidaridad y la compasión.

**Identificación de las emociones de los demás.** Pericia para identificar los sentimientos de los demás, reconociendo expresiones verbales y no verbales y teniendo en cuenta el contexto; con ella se hace posible dar una respuesta constructiva ante las emociones y situaciones ajenas.

## Competencias comunicativas e integradoras

Involucran las habilidades que permiten entablar diálogos constructivos con los demás, comunicar los propios puntos de vista, necesidades, intereses e ideas y comprender lo que otros quieren comunicar.

***Figura 12.*** Competencias comunicativas

**Competencias comunicativas**

▼

Capacidades para comunicarnos con los demás, nos permiten interactuar

Las competencias comunicativas son las habilidades necesarias para establecer un diálogo constructivo con otros; ello incluye la capacidad de escuchar atentamente sus argumentos y entenderlos a pesar de no compartirlos, o la de expresar con claridad, firmeza y sin agresión los propios puntos de vista; su ejercicio involucra aspectos como:

**Escucha activa.** Habilidad que implica una atención constante frente a las opiniones de otros para comprenderles expresando asertivamente que están siendo escuchados. Esto puede suceder de distintas maneras, por ejemplo, mediante el lenguaje corporal o evitando interrumpir a los demás mientras hablan.

**Asertividad.** Destreza para expresar necesidades, intereses, posiciones, derechos e ideas propias de manera clara y enfática, pero evitando herir susceptibilidades o dañar las relaciones; es necesaria para manifestar un desacuerdo o responder ante una ofensa de tal forma que los demás no se sientan agredidos.

**Argumentación.** Capacidad para expresar y sustentar una posición de manera que los demás puedan comprenderla y evaluarla seriamente. En una situación de desacuerdo entre dos o más personas, esta habilidad permite a los ciudadanos comunicar sus ideas de tal forma que los demás no solo la entiendan sino que lleguen a compartirlas.

Por su parte, las competencias integradoras articulan, en la acción misma, todas las demás; por ejemplo, se puede catalogar en esta categoría la capacidad de manejar pacífica y constructivamente los conflictos, pues ella requiere de: conocimientos sobre sus dinámicas; habilidades cognitivas, como dar opciones creativas ante el problema; competencias emocionales, como la autorregulación de la rabia, y de competencias comunicativas, como la de transmitir asertivamente los propios intereses.

***Figura 13.*** Competencias integradoras

**Competencias integradoras**

▼

Habilidades para articular en la acción misma las demás competencias y los conocimientos necesarios para el ejercicio de la ciudadania.

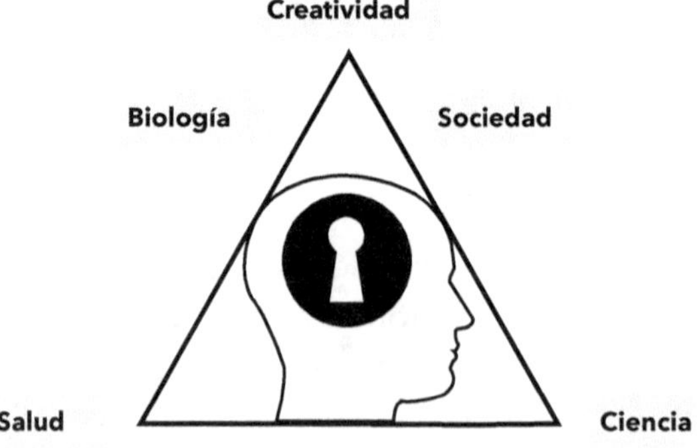

## Componentes cognitivos de las Pruebas Saber

Las Pruebas Saber de competencias ciudadanas solo evalúan el bloque cognitivo, pues se considera que las competencias emocionales no son susceptibles de una medición que parta de test de selección múltiple. Así, la prueba cognitiva revisa, en primer lugar, el conocimiento y comprensión de conceptos básicos de la Constitución Política de Colombia y, en segundo lugar, valora las habilidades para enfrentar y analizar problemáticas sociales de una manera constructiva y responsable. Estas habilidades incluyen sopesar argumentos, abordar un problema desde diferentes puntos de vista y establecer relaciones entre los diferentes componentes de un sistema social. La prueba tiene cuatro componentes básicos:

### Conocimientos

El componente evalúa el conocimiento del estudiante sobre los rasgos básicos de una Carta Magna, en particular, de la Constitución Política de Colombia; al tiempo, repasa temas como los derechos y deberes, la estructura y organización del Estado y los mecanismos de participación democrática establecidos en la Constitución nacional.

### Argumentación

El componente aborda el análisis y la evaluación de la pertinencia y solidez de enunciados que se refieren a una problemática social. Se espera que el estudiante esté en capacidad de: develar prejuicios injustificados; anticipar el impacto de un discurso; comprender las intenciones implícitas en un acto comunicativo; evaluar la coherencia de un discurso; relacionar diferentes argumentos; evaluar la validez de las generalizaciones y reconocer la confiabilidad de un enunciado.

### Multiperspectivismo

Aborda la capacidad de analizar una problemática social desde diferentes perspectivas. Se espera que, a propósito de un conflicto, el estudiante esté en capacidad de: comprender en qué consiste desde el punto de vista de cada uno de los actores; entender qué buscan los diferentes actores; identificar coincidencias y diferencias entre ellos; relacionar sus ideologías y cosmovisiones con las propias opiniones o intereses; evaluar la receptividad de cada uno de ellos ante una posible solución y anticipar el impacto de la implementación de una solución.

## Pensamiento sistémico

Aborda la capacidad de identificar y relacionar diferentes factores que constituyen o determinan una problemática social. Se espera que, a propósito de un conflicto, el estudiante esté en capacidad de: identificar sus causas; establecer qué tipos de factores están presentes y cuáles están enfrentados; comprender qué asuntos se privilegian para plantear una determinada solución; evaluar la aplicabilidad de una posible solución y determinar la posibilidad de aplicar una solución en diferentes contextos.

# Didáctica de las competencias ciudadanas

A continuación se presenta una propuesta especialmente metodológica que brinda elementos para la formación y el desarrollo de competencias para la ciudadanía, entendiendo que son una necesidad indiscutible para cualquier nación y que, en las circunstancias actuales del país, son un desafío que convoca a toda la sociedad. En este sentido, no hay duda de que la familia y la escuela son los lugares privilegiados para desarrollar tal tarea, porque allí el ejercicio de convivir con los demás se pone en práctica todos los días y, por supuesto, como en todo proceso educativo, se requiere de unos principios orientadores y de unas herramientas básicas.

## Estrategias metodológicas

Es importante abordar inicialmente algunos conceptos básicos que ayuden a ubicar el propósito pedagógico de las competencias ciudadanas, por ello, como orientación para los maestros, se hará a continuación un acercamiento al tema de las estrategias, con el fin de que todos puedan sumarse al proyecto con metas claras y compartidas.

### Concepto de estrategia

Es posible entender la noción de estrategia como un conjunto de decisiones fijadas en un determinado contexto, que son diseñadas a partir de un proceso organizado y que integra objetivos y una secuencia de acciones (Bravo, 2008); incluye la misión propuesta por la organización o institución que la plantea. En el sentido estricto de la palabra se considera a la estrategia como una guía de las acciones a seguir y, por tanto, es siempre consciente e intencional, dirigida a un objetivo relacionado con el aprendizaje.

Debido a que la propuesta está enmarcada en el proceso de formación de las competencias ciudadanas, y que por sus consecuencias tienen un efecto amplio, la institución que planea debe buscar el mejor curso de acción posible y estar preparada para cambiar. Es por eso que aquí se trata de abordar estrategias de aprendizaje, entendiéndolas como el conjunto de actividades, técnicas y medios que se planifican de acuerdo con las necesidades de la población a la cual van dirigidas, los objetivos que persiguen y la naturaleza de las áreas y cursos, todo, con el fin de hacer más efectivo el proceso de aprendizaje.

Las acciones son realizadas por el maestro con el propósito de facilitar la formación y el aprendizaje de las disciplinas en los estudiantes y, para que no se reduzcan a simples técnicas y recetas, deben apoyarse en una rica formación teórica de los maestros y en un amplio repertorio de didácticas y metodologías necesarias durante todo proceso de enseñanza-aprendizaje. Las estrategias de aprendizaje son, junto a los contenidos, los objetivos y la evaluación, los componentes esenciales del proceso y, para que sean efectivas, se requiere de una planificación que incluya la capacidad para evaluar una tarea y, así, determinar la mejor forma de realizarla y de hacer seguimiento al proceso.

***Figura 14.*** La estrategia en el proceso de enseñanza-aprendizaje

Por tanto, para que la estrategia sea efectiva es necesario que al ser empleada ajuste un comportamiento, en caso de los estudiantes lo que piensan y hacen según las exigencias de una actividad o tarea encomendada por el profesor, y a las circunstacias en las que se produce

Este ejercicio requiere, entre otros aspectos:

Realizar una reflexión consciente sobre el propósito u objetivo de la tarea

Planificar qué va  hacer y cómo lo llevará a cabo: es obvio, que el alumno ha de disponer de un repertorio de recursos entre los que podrá escoger

Desarrollar la tarea o actividad encomendada

Evaluar el proceso de su actuación

Acumular los aprendizajes que permitan volver a utilizar esa estrategia y reconocer la forma en que deben volver a emplearse

## Estrategias de aprendizaje

Se entiende por estrategias pedagógicas aquellas acciones que realiza el maestro con el propósito de facilitar la formación y el aprendizaje de las disciplinas en los estudiantes. Para que no se reduzcan a simples técnicas y recetas, deben apoyarse en una rica formación teórica, pues en la teoría habita la creatividad requerida para acompañar la complejidad del proceso de enseñanza-aprendizaje. A continuación se presenta una orientación básica de tres tipos de estrategias: las que ayudan a los estudiantes a elaborar y organizar los contenidos, facilitando el aprendizaje; las destinadas a controlar la actividad mental del niño, niña o joven para dirigir el aprendizaje; y las de apoyo al aprendizaje.

***Tabla 2.*** Estrategias para elaborar y organizar los contenidos

| Estrategias | Característica | Aplicación para la formación de las competencias ciudadanas |
|---|---|---|
| **Estrategias de ensayo** | Implican la repetición activa de los contenidos diciendo, escribiendo o centrándose en partes clave del objeto de aprendizaje | Comprender que las normas pueden ayudar a prevenir el maltrato en el aula y en el juego |
| **Estrategias de elaboración** | Implican hacer conexiones entre lo nuevo y lo conocido, describiendo cómo se relaciona la información | Comprender que las acciones, propias y ajenas (por ejemplo, burlarse de algún compañero/a) pueden afectar a las personas cercanas y al propio individuo |
| **Estrategias de organización** | Implican imponer una estructura a los contenidos de aprendizaje, dividiéndolos en partes e identificando relaciones y jerarquías. Agrupan la información para que sea más fácil aprender | Conocer los derechos fundamentales de los niños, incluyendo el derecho a tener una familia y a no ser separados de ella, al cuidado y amor, a la libre expresión de la opinión, a la salud, a la educación, a la recreación y a la alimentación equilibrada |

***Tabla 3.*** Estrategias para controlar la actividad mental y dirigir el aprendizaje

| Estrategias | Característica | Aplicación para la formación de las competencias ciudadanas |
|---|---|---|
| **Estrategias de control de la comprensión** | Implican ser consciente de lo que se está tratando de lograr, seguir la pista de las estrategias que se usan, del éxito logrado con ellas y de adaptar la conducta en concordancia. Son un sistema supervisor de la acción y del pensamiento del estudiante, y se caracterizan por un alto nivel de conciencia y control voluntario | Respetar y defender las libertades de las personas en el medio escolar o en la comunidad, tales como la libertad de expresión, de conciencia, de pensamiento, de culto y del libre desarrollo de la personalidad |

| Estrategias | Característica | Aplicación para la formación de las competencias ciudadanas |
|---|---|---|
| **Estrategias de planificación** | Mediante las cuales los estudiantes dirigen y controlan su conducta. Son, por tanto, llevadas a cabo antes de que los estudiantes realicen cualquier acción; implican: establecer el objetivo, seleccionar los conocimientos previos, descomponer la tarea en pasos, prever el tiempo y seleccionar la acción a seguir | Conocer las instancias y saber usar los mecanismos jurídicos ordinarios y alternativos (por ejemplo: justicia ordinaria, jueces de paz, centros de conciliación, comisarías de familia, mediación, negociación, arbitramento) para la resolución pacífica de conflictos |
| **Estrategias de regulación, dirección y supervisión** | Indican la capacidad del estudiante para seguir el plan trazado durante la ejecución de una tarea y comprobar su eficacia. Se realizan cuando: formula preguntas, ajusta el tiempo y el esfuerzo requerido por la tarea, modifica y busca estrategias alternativas en el caso de que las seleccionadas anteriormente no sean eficaces | Proponer distintas opciones en los procesos de toma de decisiones en el aula y medio escolar |
| **Estrategias de evaluación** | Encargadas de verificar el proceso de aprendizaje durante y al final del proceso. Incluyen: revisar los pasos del proceso, valorar si se han conseguido o no los objetivos propuestos, evaluar la calidad de los resultados finales y decidir cuándo hacer pausas o concluir el proceso | Analizar críticamente el manual de convivencia y las normas del medio escolar, cumpliéndolas voluntariamente y participando pacíficamente en su transformación cuando les consideran injustas |

***Tabla 4.*** Estrategia de apoyo

| Estrategia | Característica | Aplicación para la formación de las competencias ciudadanas |
|---|---|---|
| **Estrategias afectivas** | La tarea fundamental de estas estrategias es mejorar la eficacia del aprendizaje optimizando las condiciones en las que se produce. Incluye aspectos como: establecer y mantener la motivación, enfocar la atención, mantener la concentración, manejar la ansiedad y las condiciones en que se da el proceso | Escuchar y expresar en las propias palabras (parafrasear) las razones que dan los compañeros durante las discusiones grupales, incluso cuando no se está de acuerdo con dichas opiniones |

Nota. Las tablas 2 a 4 resumen lo planteado por Justicia y Cano (1996)

Continuando con la propuesta de este apartado, a continuación se indican algunas ideas sobre cómo puede promoverse la formación ciudadana en la escuela, tocando especialmente la cuestión de cómo integrar la formación ciudadana a la vida cotidiana de las instituciones educativas. Con el fin de mejorar el desarrollo de prácticas pedagógicas y fortalecer el desarrollo de las competencias ciudadanas en las instituciones educativas, se sugieren estas estrategias que contribuyen a su continua actualización y mejoramiento.

***Tabla 5.*** Estrategias institucionales

| Estrategia | Característica |
|---|---|
| **Programas de mediación** | Acciones que fomentan una gran cantidad de aprendizajes en todos los integrantes de la comunidad educativa; pueden desarrollar competencias en todos sus miembros para que aprendan a manejar pacífica y constructivamente sus conflictos y adopten mecanismos alternativos para la resolución de los mismos |
| **Mesas de participación** | Formas de fortalecer el gobierno escolar, ordenadas para hacer consensos y debatir las opiniones de todos; para esto es posible aprovechar espacios en el aula como las direcciones de grupo, las reuniones de profesores, algunos momentos de las clases de ciencias sociales, de ética, de democracia o de las materias relacionadas con los problemas que se traten, o las reuniones con padres de familia y otros miembros de la |

| Estrategia | Característica |
|---|---|
| | comunidad. Al tiempo, es factible abrir espacios de participación, destinar una fracción del tiempo de las reuniones a tratar temas sobre los cuales haya algo que decidir o diseñar un sistema de reuniones que incluya diferentes espacios y tiempos con los diferentes grupos de integrantes de la comunidad |
| **Mecanismos de comunicación** | Son dispositivos útiles para informar sobre ciertos temas y para consultar sobre ellos; su actividad puede optimizarse mediante la creación de nuevas unidades o el perfeccionamiento de las existentes, usar buzones, carteleras, espacios en reuniones, circulares, la emisora escolar, el periódico escolar, encuestas, el correo electrónico, etc |
| **Prácticas externas** | Ofrecen oportunidades regulares y continuas para que los estudiantes analicen nuevas experiencias en el entorno institucional y comunitario. Los estudiantes deben producir un trabajo que sea de valor para la comunidad, el cual debe contar con un proceso previo de indagación y una propuesta para la solución de problemas (se trabaja con los miembros de una comunidad para entender una situación específica) |
| **Los proyectos de aula** | Como estrategias pedagógicas, giran en torno a situaciones de la vida real y dan respuesta a un problema o necesidad educativa. Además, permiten desarrollar compromiso y motivación en los estudiantes para alcanzar un logro común. Favorecen la ejecución de acciones solidarias, de colaboración, respeto y aceptación de la diferencia; fomentan la autonomía y el desarrollo de habilidades de comunicación y, en todo caso, exigen una labor de coordinación con estudiantes y con otros docentes participantes |
| **Aulas en paz** | Parten de la idea de que los estudiantes logran mejores aprendizajes cuando tienen la oportunidad de practicar lo que están aprendiendo (en este caso, cómo actuar competentemente en entornos sociales) y lo hacen en contextos reales, con propósitos reales.<br>Una de las grandes ventajas de invertir tiempo y esfuerzos en la construcción de un aula en paz, es que no solo favorece y fortalece el desarrollo positivo de relaciones interpersonales, sino que genera un espacio adecuado para el aprendizaje académico; son parte del día a día y se vuelven naturales en el comportamiento de todos los miembros del aula, aumentando la probabilidad de que los comportamientos afines con la paz trasciendan el espacio del salón de clase y generen cambios en otros contextos, como la familia o la comunidad |

***Tabla 6.*** Estrategias de aula.

| Estrategia | Característica |
|---|---|
| **Aprendizaje cooperativo** | Permite el trabajo en grupo de los estudiantes, facilitándoles alcanzar un objetivo común que no solo beneficie a cada miembro del grupo en particular, sino al grupo en general. Tiene como objetivo optimizar el desempeño académico de la mayoría de estudiantes, promoviendo la práctica y desarrollo de competencias ciudadanas en el ambiente escolar a nivel de convivencia, de participación, de valoración y de respeto a las diferencias. Además, afianza las relaciones positivas entre estudiantes y entre los diferentes ámbitos de la escuela |
| **Juego de roles** | La estrategia implica describir la situación y sus antecedentes, para luego plantear el espacio en el que se llevará a cabo la representación y los aspectos que se discutirán. La ventaja del juego de roles es la posibilidad que ofrece para poner en práctica lo que los estudiantes han aprendido sobre un conflicto particular y sobre la manera de resolverlo constructivamente. Por ello es conveniente estar seguro de que conocen las competencias ciudadanas que se van a trabajar y han hecho ejercicios cortos con ellas, así como de que conocen los antecedentes a representar; esto no quiere decir que lo van a hacer con un total dominio del tema pues solo se aprende con la práctica |
| **Los dilemas morales** | Situaciones que incluyen algún conflicto moral, extraídas de la vida misma de los estudiantes con quienes se va a realizar la discusión; las discusiones sobre dilemas morales les motivan, llevándoles a incluir sus posiciones personales y a expresar aspectos difíciles de sus vidas, estimulándolos a defenderlas. Así desarrolla la argumentación en general y la moral en particular, que se suman a un aumento en el reconocimiento de la diferencia de opinión y de la posibilidad de confrontar pacíficamente, como instrumentos constructivos |

Nota. Las tablas 5 y 6 resumen lo planteado por Ruiz y Chaux (2005)

## Evaluación de las competencias ciudadanas

Como continuación del trabajo, este apartado puede constituirse en una brújula para establecer criterios claros y básicos sobre la evaluación de competencias ciudadanas. Primero, porque abarca algunos asuntos que facilitan a cada institución realizar acciones particulares a la hora de trabajar en la evaluación y, segundo, porque da a conocer elementos de la estructura de la prueba, apoyando el diseño de planes para mejorar, al desarrollar y evaluar gradualmente la tarea de formación ciudadana. Esta propuesta busca establecer la forma como se trabaja la evaluación en formación ciudadana en la institución y en el aula, de manera que tenga un impacto positivo a la hora de abordar las pruebas cognitivas y no cognitivas.

## Generalidades

En los distintos ámbitos del desarrollo la evaluación es compleja, y en los aspectos pedagógicos ha de ser rigurosa si quiere orientar acertadamente cambios realmente efectivos. Cuando se trata de la evaluación de habilidades para conocernos, conocer a los demás y vivir juntos, y se quieren revisar todas las circunstancias de la vida, dentro y fuera del ámbito familiar y escolar, dicha evaluación debe establecer unos criterios claros y públicos que permitan a las instituciones hacer un seguimiento y observar, no solo cómo van sus estudiantes, sino qué hace la escuela para contribuir a la formación ciudadana.

Algunas situaciones de interacción diaria permiten medir el desarrollo de competencias ciudadanas, tales como: la observación cuidadosa del proceder de los estudiantes y de otros miembros de la comunidad educativa en situaciones cotidianas, el registro permanente de formas de vivir y relacionarse, la constante auto y co-evaluación entre iguales y grupos; por ejemplo, ya hay experiencias en las que observadores independientes registran los conflictos cotidianos del aula y del tiempo de descanso para, con esos datos, generar posteriormente espacios de análisis y formulación de acciones para mejorar.

Cuando la evaluación se hace de forma seria y comprometida avanza más allá de los simples formatos, hasta hacer diagnósticos sobre el estado real de los valores en los estudiantes y sus familias, ejercicios que generalmente destacan la existencia de dificultades en indicadores como solidaridad, laboriosidad, identidad, responsabilidad, conciencia social o compromiso. Como continuación se pueden diseñar estándares para desarrollar y evaluar paulatinamente la tarea de mejoramiento.

La formación para la ciudadanía no es una materia aislada, atraviesa todas las áreas de la institución y por tanto es una responsabilidad compartida por toda la comunidad educativa (directivos, docentes, estudiantes, familias, personal administrativo). En todas las áreas académicas se pueden proponer actividades, reflexiones y discusiones que contribuyan al desarrollo de las competencias ciudadanas. Un proyecto de ciencias naturales, una clase de ciencias sociales, una actividad de dirección de grupo, un taller de teatro o de pintura, son espacios que permiten aprender a vivir y a trabajar juntos.

Todas las dinámicas de la vida escolar intervienen en este proceso: los eventos culturales, deportivos, el recreo, los paseos, etc., son excelentes plazas para el aprendizaje y la práctica de competencias para la convivencia, el respeto y la defensa de los Derechos Humanos y el ejercicio de la pluralidad. Por eso es importante que estas metodologías sean rigurosas y permitan realizar ejercicios metódicos de investigación del proceso. Este esfuerzo conjunto de las instituciones educativas y los hogares contribuye a la construcción de comunidad y país.

## Sobre los instrumentos de evaluación

Son diversos los procesos de evaluación, herramientas y metodologías que se relacionan directamente con las competencias ciudadanas aplicadas en el entorno escolar. Generalmente abordan problemas que demuestran la ausencia de competencias ciudadanas, de convivencia y paz entre los estudiantes, por ejemplo: irrespeto, problemas de comunicación (poco asertiva o escasa); poca convicción personal para la participación y responsabilidad democrática; falta de compromiso grupal; irresponsabilidad; falta de sentido de pertenencia, de pluralidad, identidad y valoración de las diferencias; intolerancia.

Por ello es importante que el trabajo pedagógico de los equipos docentes brinde la posibilidad de diseñar técnicas e instrumentos que ofrezcan distintas formas de fortalecer los valores, desarrollar los derechos y deberes, y proponer exigencias didácticas útiles para el docente en su ánimo de fortalecer las competencias ciudadanas de los estudiantes desde el modelo de actuación pedagógica cotidiana.

En la actualidad se cuenta con actividades y ejercicios que contribuyen al proceso de desarrollo de competencias ciudadanas, los cuales pueden aportar al crecimiento de la propuesta pedagógica institucional. Sin embargo, las evaluaciones asociadas con el impacto de las competencias siguen siendo muy marginales. Frente a ello, un ejemplo de trabajo colaborativo y de reflexión centrada en interacciones de la clase, se da con grabaciones de las relaciones entre grupos y de discusiones de los alumnos sobre la forma como se relacionan. Esta actividad se puede acompañar de registros para establecer un impacto positivo sobre el desarrollo de competencias emocionales y comunicativas.

Al tiempo, un trabajo útil es la implementación de estrategias de debate y discusión de dilemas familiares o sociales, pues posibilitan desplegar destrezas cognitivas de pensamiento crítico, y considerar consecuencias por medio del establecimiento de relaciones y vínculos entre pares, miembros de la familia, la escuela y la sociedad. A lo que se puede sumar un proyecto paralelo centrado el desarrollo y evaluación de ambientes de aprendizaje dentro del aula, entendido como aquel que permite fundar relaciones cordiales entre pares y docentes y una relación constructiva con el conocimiento, esto es la edificación de un entorno de aprendizaje que incluya elementos de cuidado y respeto por el otro, vistos como potencial para las competencias ciudadanas.

Experiencias como las presentadas permiten destacar la importancia de diseñar diversos instrumentos para analizar la información recopilada, para identificar estrategias de evaluación y para valorar el impacto de cada técnica, metodología e instrumento, que a su vez genera estrategias para la formación ciudadana.

## Los instrumentos

Durante esta sección se aborda específicamente el cómo y el con qué evaluar competencias, entendiendo que éstas se constituyen a partir de un sinnúmero de aspectos cognitivos que las convierten en un proceso dinámico y complejo. Las competencias se pueden ver primordialmente a través de evidencias, que no son otra cosa que demostraciones reales de lo que co-existe intensamente en el sujeto. Dicho de otra manera, las competencias están en el sujeto y las conductas específicas son sus demostraciones.

Los medios para evaluar y valorar las competencias ciudadanas se asocian con actividades complejas que no solo implican capacidades para apreciar y experimentar cualidades significativas en lo educativo, sino habilidades como: revelar lo observado por el evaluador dando cuenta de su percepción de las situaciones; valorar lo significativo; transmitir los mensajes de crecimiento y generar soluciones. Así, algunas técnicas e instrumentos para evaluar las competencias, son:

**Tabla 7.** Técnicas e instrumentos para evaluar las competencias

| Técnicas | Instrumentos |
|---|---|
| **Observación** | Exposiciones orales. Lista de cotejos. Registro anecdótico. Registro descriptivo. Diario de clase. Guía de observación |
| **Análisis de producción de los alumnos** | Escala de estimación. Lista de cotejos. Registro anecdótico. Registro descriptivo. Diario de clase. Guía de observación. Guía de Proyecto |
| **Intercambios orales Puestas en común Debates** | Escala de estimación. Lista de cotejos. Registro anecdótico. Registro descriptivo. Diario de clase. Cuestionario |
| **Pruebas** | Pruebas objetivas. Pruebas tipo ensayo. Pruebas mixtas |
| **Sociometría** | Diario de clase. Escala de actitud. Portafolio |

Por otra parte, es necesario observar el tipo de registros y valoraciones requeridas en los distintos instrumentos.

**Tabla 8.** Registros y valoraciones requeridas en los distintos instrumentos

| Instrumento | Registro |
|---|---|
| **Exposiciones orales** | Define la manifestación oral de un tema determinado cuya extensión depende de un tiempo previamente asignado; además trabaja la forma en que el expositor enfrenta y responde a los interrogantes planteados por los oyentes |
| **Lista de cotejos** | Juicios valorativos (individual o grupal). Evalúa el aprendizaje actitudinal y los aprendizajes de procesos o procedimientos. Tiene una detallada lista de los pasos en orden que debe seguir el evaluado para realizar una tarea apropiadamente. En cuanto a la construcción del formato, debe incluir los siguientes aspectos:<br><br>- Nombre de evaluado<br>- Fecha de la observación<br>- Nombre del evaluador<br>- Título de la tarea<br>- La lista de los ítems<br>- Dos columnas Si/ No<br>- Una sección para observaciones o comentario acerca del trabajo<br>- Escala de Nota Final |
| **Registro anecdótico** | Registra un suceso imprevisto e importante del sujeto a evaluar. Privilegia el registro libre y contextualizado de observaciones vinculadas a un tema determinado |
| **Registro descriptivo** | Describe el comportamiento del sujeto a evaluar |
| **Diario de clase Guía de observación** | Se trata de un registro, abierto o cerrado, de aspectos que se pueden observar directamente en el individuo |
| **Escala de estimación** | Grado en que el educando domina un indicador. Las partes que deben incluirse en la escala de valor son:<br><br>- Nombre del evaluado<br>- Fecha de la observación<br>- Nombre del evaluador<br>- Título del producto, tarea o comportamiento a evaluar<br>- Indicaciones<br>- Lista de los ítems o componentes que serán valorados<br>- Una columna para los valores<br>- Una sección para comentarios |

| Instrumento | Registro |
|---|---|
| Guía de Proyecto | Instrumento útil para evaluar el aprendizaje de los estudiantes, pues permite verificar las capacidades desarrolladas y ser propuesto individualmente o en equipo. Cualquiera que sea la forma del instrumento, lo importante es que sirva de guión para que el alumno sea consciente de los aspectos que le serán evaluados, y para que el docente observe los aspectos que desea evaluar |
| Cuestionario | Corresponde a los instrumentos tradicionales de evaluación de aprendizajes, por lo que puede ser realizado por escrito o en forma oral. Se recomienda que las preguntas sean enunciadas de manera clara, precisa y en línea con el nivel de aprendizaje previsto para el estudiante. En función del tipo de respuesta, pueden ser clasificados en cuestionarios de preguntas cerradas y abiertas |
| Pruebas objetivas | Pruebas escritas en las que el estudiante elige la respuesta de entre una serie de alternativas que se le brindan. Entre los diferentes tipos de prueba o preguntas se destacan las de Verdadero/Falso; de múltiple elección o Selección múltiple; de emparejamiento y de clasificación |
| Pruebas tipo ensayo | Las pruebas de discusión o tipo ensayo son útiles para evaluar los logros de los estudiantes en términos de ciertos objetivos, los cuales tienen que ver con organización de ideas, la habilidad creadora y la expresión. La característica principal de este tipo de examen es la libertad que se da al estudiante para elaborar su respuesta. La habilidad del estudiante para escribir es un factor que implica el punto de vista de la persona que elabora la prueba. La respuesta no tiene un patrón o modelo único |
| Pruebas mixtas | Incluyen pruebas de ítems, de objetivos, de ensayo, orales y prácticas. Representan una gran ventaja para el educador, ya que pueden incluir diferentes tipos de objetivos a evaluar; le ofrecen la oportunidad de evaluar habilidades, destrezas y conocimientos teóricos y prácticos. Pueden constar de varias partes: escrita, oral y práctica, o escrita y práctica, u oral y práctica, etc |
| Escala de actitud | En general, el instrumento está dirigido a la medición de aspectos relacionados con la intensidad de un sentimiento o la actitud de un grupo de personas respecto a un tema en particular. Se trata de una guía técnica que debe contar con los elementos indispensables y básicos para que sea implementada por medio de unas escalas en las que, partiendo de una serie de afirmaciones, proposiciones o juicios, los individuos manifiestan su opinión; se deducen o infieren las actitudes |

| Instrumento | Registro |
| --- | --- |
| Portafolio | Colección de trabajos que corresponde al desempeño individual del estudiante; en ella pueden ser agrupados datos de vistas técnicas, resúmenes de textos, proyectos, informes y diversas anotaciones. El portafolio incluye también las pruebas y autoevaluaciones de los alumnos. Su estructura formal debería contener:<br><br>- Portada<br>- Diferenciación, organización y clasificación de cada trabajo<br>- Sector de aprendizaje o materias<br>- Trabajos prácticos<br>- Documentos mercantiles o técnicos<br>- Anotaciones personales<br>- Evaluaciones del Portafolio<br>- Conclusiones |

## La evaluación desde las Pruebas Saber

El interés por evaluar el desarrollo de las competencias ciudadanas a través de pruebas escritas y de aplicarlas a estudiantes de grado tercero, quinto, noveno y undécimo, requiere de acciones pedagógicas articuladas con los Proyectos Educativos Institucionales. La prueba contempla los estándares nacionales de competencias ciudadanas, los cuales incluyen las competencias: cognitivas, relacionadas con el desarrollo de pensamiento crítico; emocionales, generadas en el proceso de discusión dentro de los grupos de trabajo y en la interacción con el profesor; y comunicativas, que abarcan asuntos como la escucha activa, el parafraseo y la asertividad.

Todas las competencias están relacionadas con una prueba internacional especializada en este ámbito, lo cual significa que los países de la región, comprometidos con el proceso, capacitan equipos técnicos para procesar y analizar la información, y desarrollan en conjunto un módulo de evaluación basado en las competencias comunes más relevantes para cada país.

El Instituto Colombiano para el Fomento de la Educación Superior (ICFES) ha evaluado en todas las escuelas y colegios del país a los alumnos de quinto y noveno grado en las diferentes competencias (matemáticas, lenguaje, ciencias, y ciudadanas). A partir de las Pruebas Saber, la evaluación tiene un carácter diagnóstico de las competencias ciudadanas que busca que cada institución educativa identifique fortalezas y debilidades en la formación ciudadana, diseñe planes de mejoramiento y evalúe los resultados de las innovaciones pedagógicas, de tal forma que sea posible mejorar el proceso formativo. Los frutos de la prueba también permiten establecer una línea base útil para los procesos de investigación y direccionamiento de las políticas públicas.

Para cumplir tal objetivo, el Ministerio de Educación Nacional, a través de la Subdirección de Fomento de las Competencias, ha puesto en marcha distintas propuestas que buscan acompañar a las secretarías de educación y a los establecimientos educativos del país. Así, el Programa de Competencias Ciudadanas es una propuesta concreta, estructural y de largo plazo para apoyar a estudiantes, maestros, familias y miembros de la comunidad, en el objetivo común de enfrentar los problemas sociales, la falta de participación ciudadana y la discriminación que han permeado negativamente las distintas esferas de la sociedad colombiana. Desde esta perspectiva, se asume al individuo como un ser integral afectado por su cultura y por las relaciones sociales, las actitudes, los valores y los imaginarios; motivo por el cual el programa se basa en las siguientes premisas :

- La democracia es fundamentalmente una forma de vida y no una forma de gobierno; por tanto, las formas de concebir y trabajar el programa a nivel local, nacional e internacional, deben partir de la congruencia entre palabra y acción.
- La educación ciudadana se basa en las competencias, no exclusivamente en los conocimientos.
- Es necesario comprender los factores que influyen en la formación ciudadana (impulsos biológicos innatos, emociones y sentimientos, contextos socioculturales e históricos, desarrollo cognitivo, comunicación) y trabajarlos de manera integral.
- Existe una relación entre forma de enseñanza, ambientes de confianza y conocimiento sobre formación ciudadana.
- La educación no formal también implica la inclusión de procesos de formación ciudadana.
- La lectura del contexto es esencial para la selección y el desarrollo pertinente y de calidad de los programas de competencias ciudadanas.

## La estructura de las Prueba Saber

Se trate de la prueba que realizan los docentes en sus aulas o de aquella trabajada a través de pruebas estandarizadas, una buena evaluación debe sustentarse en instrumentos que cuenten con un alto grado de validez; es decir, que permitan establecer con precisión qué saben y saben hacer los estudiantes para, con ello, identificar cuáles son sus fortalezas y debilidades y avanzar en el proceso formativo.

Las Pruebas Saber 3o., 5o. y 9o., evalúan la calidad de la educación de los establecimientos educativos, oficiales y privados, urbanos y rurales, mediante la aplicación periódica de pruebas de competencias básicas a los estudiantes de dichos cursos. Los cuestionarios recogen información sobre los contextos personales, familiares y escolares, con los cuales se busca conocer los factores que explican los resultados obtenidos.

Al tiempo, las pruebas valoran las competencias que han desarrollado los estudiantes hasta tercer y quinto grado, abarcando el ciclo de básica primaria, y de noveno grado (sexto a noveno), para cubrir el ciclo de básica secundaria. Su diseño está alineado con los estándares básicos de competencias establecidos por el Ministerio de Educación Nacional, que son los referentes comunes a partir de los cuales es posible establecer la medida en que, tanto estudiantes, como el sistema educativo en su conjunto, se están cumpliendo las expectativas de calidad, en términos de lo que saben y lo que saben hacer.

Saber 5o. y 9o., evalúan las competencias en lenguaje, matemáticas, ciencias naturales y competencias ciudadanas, mientras que Saber 3o., evalúa matemáticas y lenguaje. Las características de las pruebas no permiten revisar la totalidad de competencias que se espera desarrollen los estudiantes en la educación básica, pero sus resultados son indicadores importantes de su capacidad para continuar aprendiendo a lo largo de la vida, y de transferir sus aprendizajes a distintas situaciones dentro y fuera de la escuela.

Aunque las pruebas no abarcan la totalidad de contenidos ni de estándares definidos para cada área, puesto que los logros de muchos de ellos solo pueden valorarse en el ámbito de las actividades escolares, emplean estrategias distintas de las pruebas de papel y lápiz para ser un indicador esencial del progreso de formación en educación básica.

***Figura 15.*** Pruebas Saber y competencias ciudadanas

Los Estándares Básicos establecen lo que los estudiantes deben saber y saber hacer según su nivel de desarrollo, para ejercer las distintas habilidades en su hogar, en su vida escolar y en otros contextos. Están formulados para grupos de grados desde primero hasta undécimo y tienen en cuenta los ámbitos de: convivencia y paz, participación, responsabilidad democrática y pluralidad, e identidad y valoración de las diferencias. Muchos estándares se repiten desde primero hasta undécimo, pero su grado de complejidad y profundización aumenta; retan, pero no son inalcanzables, pues lo que se busca es una alta calidad de la educación.

## Especificaciones de las Pruebas Saber

La estructura cognitiva de la prueba pretende que los estudiantes desarrollen ejercicios de análisis complejos, poniendo en juego sus conocimientos y habilidades ciudadanas. Evalúa su saber acerca de los fundamentos de la Constitución y las herramientas de pensamiento con las que cuentan para enfrentar problemas sociales (valoración de argumentos y pensamiento sistémico); examina si los estudiantes reconocen los mecanismos que tienen a su disposición para participar activamente y para garantizar el cumplimiento de sus derechos; registra si ven diferentes perspectivas en situaciones donde interactúan diversas partes, si entienden que los problemas y soluciones involucran distintas dimensiones y si reconocen las distintas relaciones entre éstas.

La prueba no cognitiva de competencias ciudadanas recorre las competencias emocionales que son centrales para la ciudadanía, como la empatía y el manejo de las emociones. Estas competencias, en interacción con las actitudes (elementos individuales) y con el ambiente de aula y del colegio, dan cuenta del ejercicio ciudadano. A continuación se presentan las tablas que describen las dimensiones que componen esta evaluación: prueba cognitiva y no cognitiva, para la prueba de Competencias ciudadanas.

***Tabla 9.*** Estructura de la Prueba de Competencias Cognitivas

| | |
|---|---|
| **Pruebas cognitivas** | A partir de casos hipotéticos o reales evalúa la capacidad de los alumnos para: seleccionar una o varias perspectivas; ofrecer soluciones o considerar las consecuencias de diferentes actos.<br>Realiza diversos procesos mentales en contextos cotidianos de actuación, que favorecen la interacción con los demás y el ejercicio de la ciudadanía |
| **Conocimientos** | Se circunscribe al conocimiento y comprensión de conceptos básicos de la Constitución Política de Colombia. La prueba cognitiva incluye temas como |

| | |
|---|---|
| | los fundamentos de la Constitución; los derechos y deberes que la Constitución consigna; la estructura del Estado y la participación democrática en el ámbito escolar, municipal, departamental o nacional |
| **Argumentación** | Se refiere a la capacidad de analizar y evaluar la pertinencia y solidez de enunciados o discursos. En la prueba cognitiva de se espera que el estudiante esté en capacidad de identificar prejuicios; anticipar el efecto de un determinado discurso; comprender las intenciones implícitas en un acto comunicativo; relacionar diferentes argumentos; evaluar la validez de generalizaciones y reconocer la confiabilidad de un enunciado y de sus fuentes |
| **Multi-perspectivismo** | Involucra la capacidad de analizar una problemática desde diferentes perspectivas, trascendiendo el punto de vista propio. Las preguntas de la prueba cognitiva referidas a este aspecto requieren que el estudiante, a propósito de un conflicto, esté en capacidad de comprender su origen; entender qué buscan los diferentes actores; identificar coincidencias y diferencias entre los intereses de los actores y evaluar la receptividad de las partes ante una posible solución |
| **Pensamiento sistémico** | Contempla la capacidad de identificar y relacionar diferentes factores que están presentes en una situación problemática. Se espera que el estudiante esté en capacidad de identificar sus causas; establecer el tipo de factores presentes y cuáles se enfrentan; entender qué factores se privilegian para una determinada solución; evaluar la aplicabilidad de una posible solución y determinar la posibilidad de aplicar una solución en diferentes contextos |

Aunque comunes a las pruebas de los grados 5o. y 9o., las preguntas para estudiantes de quinto presentan situaciones de análisis que se relacionan con su entorno más cercano, es decir, el aula, el colegio, la familia y el barrio, con menor grado de complejidad y en un lenguaje más sencillo que las de grado noveno. Por su parte, a los estudiantes de 9o., se les proponen situaciones de análisis relacionadas con entornos cercanos, pero involucrando también contextos más amplios, como la comunidad, la vereda, el municipio, la ciudad o el país.

Por su parte, las pruebas no cognitivas indagan por las competencias emocionales e integradoras; utilizan un cuestionario tipo encuesta con un conjunto de preguntas cualitativas de escalas de percepción (de acuerdo/en desacuerdo) o frecuencias, para las que no existen respuestas correctas.

***Tabla 10.*** Estructura de la prueba de competencias emocionales

| **Competencias emocionales** | Capacidades para identificar y responder constructivamente ante las emociones propias y las de los demás |
|---|---|
| **Manejo de la rabia** | Capacidad para identificar y regular la propia ira, de tal forma que niveles altos de esta emoción no hagan daño a otros o al propio sujeto |
| **Empatía** | Capacidad para sentir lo que otros sienten o al menos ser compatible con lo que puedan estar sintiendo |

***Tabla 11.*** Estructura de la prueba de competencias integradoras

| **Competencias emocionales** | Competencias más amplias que, en la práctica, integran los conocimientos, las actitudes y las competencias cognitivas, emocionales o comunicativas. Se miden directamente mediante las acciones ciudadanas |
|---|---|
| **Manejo de la rabia** | Disposiciones cognitivas y afectivas a partir de las cuales los individuos aprueban o desaprueban comportamientos o situaciones sociales. Las actitudes pueden estar relacionadas con el ejercicio efectivo de la ciudadanía, pues influencian las disposiciones de las personas para actuar en determinadas circunstancias |
| **Empatía** | Se indaga por el estímulo que recibe el alumno de compañeros y profesores, si se da desde ambientes con oportunidades para practicar las competencias ciudadanas o si desincentivan estas acciones a partir de modelos negativos de comportamiento |

Estas competencias, en interacción con elementos individuales como las actitudes, o contextuales, como el ambiente de aula y del colegio, promueven el ejercicio ciudadano desde puntos esenciales, teniendo en cuenta que las personas actúan dentro de estructuras y escenarios sociales que pueden obstaculizar o favorecer el ejercicio de su ciudadanía. Específicamente, en las competencias emocionales y las competencias integradoras se evalúan, además de las actitudes y el ambiente escolar, tres ámbitos definidos por los estándares nacionales de competencias ciudadanas:

**Convivencia y paz.** Incluye asuntos referidos a las relaciones interpersonales e inter-grupales que son propias de la vida en sociedad, como los conflictos, la agresión, el cuidado, las acciones pro-sociales (por ejemplo, cooperar y ayudar) y la prevención de la violencia.

**Participación y responsabilidad democrática.** Incluye temas como la construcción colectiva de acuerdos, la participación en decisiones colectivas, el análisis crítico de normas y leyes, las iniciativas para la transformación de contextos sociales (el salón, la escuela, el barrio, etc.) por mecanismos democráticos, y el seguimiento y control a representantes elegidos democráticamente (estudiantes, comunitarios y políticos, incluyendo el gobierno escolar).

**Pluralidad, identidad y valoración de las diferencias.** Se refiere a los asuntos propios de las interacciones en una sociedad pluriétnica y multicultural, en la que están en juego muchas identidades y en la que pueden haber problemas graves de prejuicios, estereotipos y discriminación (MEN, 2004).

## Ejemplos de las competencias evaluadas en las Pruebas Saber

Mientras que en otros modelos de enseñanza la evaluación se circunscribe a apreciar el nivel de dominio de los conocimientos declarativos y procedimentales específicos, en la evaluación de competencias, además de evaluar tales conocimientos, se toma en cuenta el nivel de dominio alcanzado en la adquisición y desarrollo de la competencia, para conocer sus manifestaciones, evidencias, realizaciones o logros, porque lo que sí está claro es que es evaluable.

***Figura 16.*** Relación y evaluación de competencias

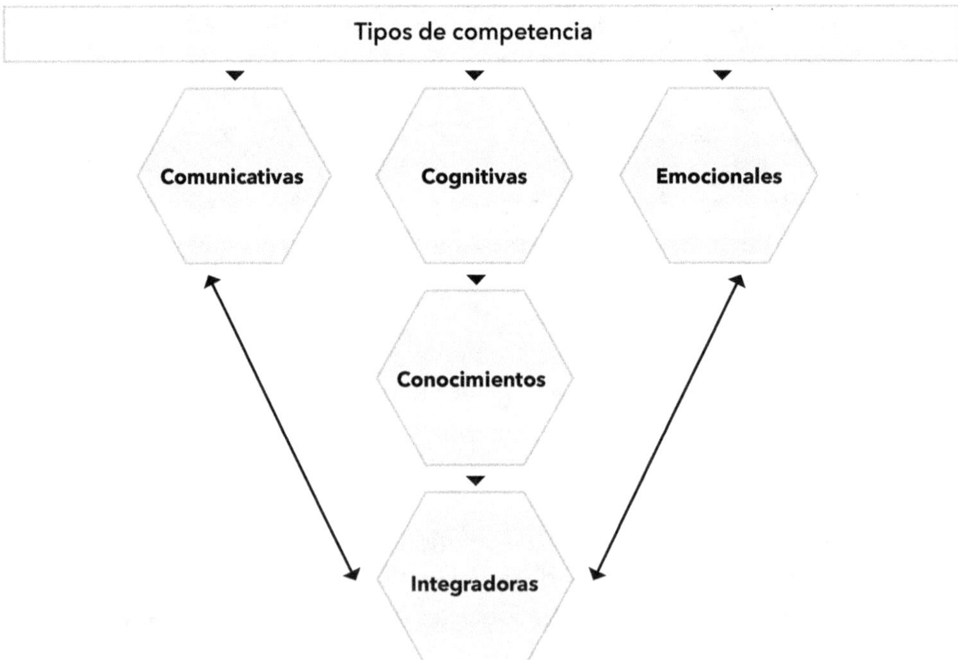

En la siguiente tabla se exponen algunos ejemplos de competencias, de las pruebas cognitivas y no cognitivas, que hacen parte de las competencias evaluadas y que representan temas y contextos propios para la acción ciudadana.

***Tabla 12.*** Ejemplos competencias en pruebas cognitivas y no cognitivas

| Componente | Competencia |
|---|---|
| **Conocimientos** | Conoce la Constitución y su función de enmarcar y regular las acciones de las personas y grupos en la sociedad<br>Conoce los mecanismos que los estudiantes tienen a su disposición para participar activamente y para garantizar el cumplimiento de sus derechos |
| **Argumentación** | Analiza y evalúa la pertinencia y solidez de enunciados o discursos |
| **Toma de perspectiva (Multiperspectividad)** | Reconoce la existencia de diferentes perspectivas en situaciones donde interactúan distintas partes<br>Analiza las diferentes perspectivas presentes en situaciones donde interactúan diversas partes |
| **Pensamiento sistémico** | Comprende que los problemas y sus soluciones involucran distintas dimensiones y reconoce relaciones entre éstas |
| **Emocionales** | Identifica las propias emociones frente a una crítica y la forma en que criticar afecta a otros, como ejercicio de auto regulación emocional. Tiene habilidades para manejar las propias emociones o para experimentar emociones similares a los sentimientos de otros |
| **Integradoras** | Resuelve pacíficamente un conflicto, para lo cual es necesario tener habilidades: cognitivas (como la toma de perspectiva); emocionales (como el manejo de la rabia); interpersonales (como la comunicación asertiva), y determinados conocimientos (como la comprensión sobre el escalonamiento de los conflictos) |

### *Ejemplos de preguntas cognitivas*

*Conocimiento*

**1.** La Constitución Política de Colombia busca proteger a todos los colombianos y, en particular, reconocer la población indígena como parte de la cultura de la nación colombiana. Una de las siguientes situaciones manifiesta el reconocimiento de las culturas en Colombia:

**A.** En algún lugar hay una prohibición para que entren personas pertenecientes a población indígena.
**B.** En la política municipal se promueve el estudio y reconocimiento de los valores indígenas.
**C.** Una población indígena desplazada que llegó a la ciudad no fue atendida por las autoridades del Estado.
**D.** Un grupo indígena fue desalojado por sus protestas que buscaban que se respete su tierra.

*El tema corresponde a la pluralidad y el respeto de las diferencias, en especial sobre el reconocimiento de la cultura. La respuesta es la B, ya que invita a estudiar y reconocer el valor de la cultura indígena.*

**2.** Nelson, un niño de 9 años de edad, ha sido víctima de constante maltrato por parte de su padrastro. La abuela presentó una denuncia ante las autoridades pidiendo la custodia del niño. En esta situación Nelson tiene derecho a:

**A.** Salirse de la casa cuando él quiera.
**B.** Que el juez resuelva la custodia.
**C.** Que la madre se separe del padrastro.
**D.** Le ayuden a desquitarse del agresor.

*El tema trata sobre el conocimiento de los Derechos Humanos. La respuesta es la B, ya que le corresponde a un juez resolver el tema de la custodia de un niño maltratado.*

*Argumentación*

**3.** Lucy está diciendo a los compañeros que no se acerquen a Liz. El profesor le pregunta por qué lo hace. Entonces Hugo, un compañero, grita: "Es que Liz está llena de piojos". De las siguientes consecuencias al comentario de Hugo, ¿cuál afecta más a Liz?

**A.** Los que le dijeron a Hugo que se callara y no fuera metido.
**B.** Algunos que se quedaron callados por el comentario.
**C.** Algunos que ignoraron el comentario y siguen tratándola.
**D.** Los estudiantes que se alejaron y no volvieron a tratarla.

*El tema es la convivencia escolar, la pregunta indaga por la acción que, luego del comentario de Hugo, afecta en mayor medida a Liz. La respuesta es la D, pues se expresa un rechazo claro a la niña.*

**4.** El profesor del proyecto de medio ambiente dice a los estudiantes que propongan un ejemplo en el que se ha presentado alguna violación al derecho a la salud. Entre los ejemplos presentados por los niños, ¿cuál es el más acertado?

**A.** Un almacén de venta y mantenimiento de radios.
**B.** La instalación de una fábrica de químicos en el barrio.
**C.** Lavado de carros con chorros de agua a presión.
**D.** La construcción de un parqueadero público.

*El tema es el de los derechos ambientales, se busca la respuesta que exprese más apropiadamente el ejemplo que representa un mayor daño a la salud de las personas. La respuesta es la es la B, pues los químicos causan un mayor daño a la población de un barrio.*

*Multiperspectividad*

**5.** En las elecciones de alcalde en el municipio ganó Don julio, quien no tiene suficientes estudios universitarios. Por esta razón el Consejo Municipal pide repetir las elecciones. Esta solicitud al Consejo Nacional Electoral es un problema porque:

**A.** Ahora puede que otros ciudadanos quieran ser candidatos.
**B.** Solo se pueden hacer elecciones durante el tiempo regular.
**C.** Es una pérdida de tiempo y dinero votar dos veces.
**D.** No respeta la votación de los ciudadanos por Don Julio.

*El tema es la participación electoral, preguntando por los motivos por los cuales no se pueden repetir las elecciones. La respuesta es la D: los estudios del candidato no son un criterio de anulación de las elecciones.*

**6.** María y Angélica son buenas amigas desde pequeñas, pero desde que María habla con una nueva estudiante que llegó del campo Angélica afirma que "no le gustan las campesinas", y se la pasa con otras niñas en los descansos. María ha tenido que estar con la nueva niña y Angélica con otras aunque no se siente bien con ellas. Esto ha llegado al punto de que hasta se miran mal. Ante esta situación, la orientadora piensa que:

**A.** Angélica prefiere estar con otras niñas del colegio antes que estar con la nueva niña que llegó del campo.
**B.** Para Angélica no es importante su amistad con María, pues la dejó debido a su rechazo por los campesinos.
**C.** María buscaba dejar su amistad con Angélica, por eso decidió estar con la niña nueva que llegó del campo.
**D.** María y Angélica deben dejar a sus nuevas amigas y volver a su antigua amistad, porque ya viene de antes.

*El tema de la pregunta es la pluralidad y la diversidad, se realiza una diferenciación de las personas a partir de su condición de origen para deducir lo que piensa la orientadora frente a la situación de las niñas. La respuesta es B, pues expone el motivo de la ruptura de la amistad.*

*Pensamiento sistémico*

**7.** Los profesores de grado quinto están muy preocupados por la indisciplina de los niños: gritan, dejan los útiles tirados y rayan los libros del colegio; los mayorcitos tiran papeles por todo el salón y no están ordenados en ningún momento. ¿Cuál de los siguientes aspectos está presente en este problema?

**A.** La poca recreación y descanso de los estudiantes.
**B.** Se realizan pocas actividades académicas y deportivas para los niños.
**C.** El colegio cuenta con pocos recursos para entretener a los niños.
**D.** Falta de normas y responsabilidades para los estudiantes.

*El tema es la convivencia; se pregunta por el tipo de problema que se da para la situación planteada. La respuesta es la D, pues la problemática se debe a la falta de normas para los estudiantes.*

**8.** Durante la clausura del año escolar el profesor comenta a la madre de Rudy que la niña perdió el año, y que a pesar de tener buenas notas no pasó algunas materias debido a su inasistencia. La madre responde que esto se debió a diversos problemas en el hogar que impidieron a la niña ir al colegio puntualmente. De acuerdo con lo anterior, el colegio debió:

**A.** Conocer la situación familiar para considerar el rendimiento académico de la niña.
**B.** Avisar a la mamá de Rudy que iba a perder el año y que era mejor retirarla a tiempo.

**C.** Escribir la situación en el libro de comportamiento escolar para tener un reporte.
**D.** La niña debió evitar los problemas en casa y asistir puntualmente para no perder el año.

*El tema de la pregunta son los Derechos Humanos. La respuesta es la A, pues el colegio debió contar con canales de comunicación con la familia.*

### *Ejemplos de preguntas no cognitivas*

***Tabla 13.*** Ejemplos de preguntas no cognitivas

| Clase de pregunta | Característica | Ejemplo |
|---|---|---|
| **Acciones** | Preguntas que evalúan acciones de convivencia y participación | ¿Cuántas veces al mes ha ayudado a buscar soluciones cuando sus compañeros(as) han discutido?<br>a. 5 o más veces<br>b. 2 a 4 veces<br>c. 1 vez<br>d. Ninguna vez |
| **Actitudes** | Evalúan actitudes hacia la convivencia y las diferencias entre las personas | Si Pablo amenaza y golpea a los demás niños para ganar el liderazgo, usted diría que está:<br>a. Muy en desacuerdo<br>b. Algo en desacuerdo<br>c. Algo de acuerdo<br>d. Muy de acuerdo |
| **Ambientes democráticos** | Exploran los contextos en los que viven los estudiantes (aula, institución escolar, grupo de amigos y barrio o vereda) | Con relación al respeto y defensa de los Derechos Humanos ¿Qué tan común es que en su barrio los jóvenes desaparezcan por ser amenazados?<br>a. Una vez a la semana<br>b. Una vez al mes<br>c. Una vez al año<br>d. Nunca ha ocurrido. |

| Clase de pregunta | Característica | Ejemplo |
|---|---|---|
| **Regulación de emociones** | Evalúan la autorregulación emocional | Cuando me enojo actúo sin pensar:<br><br>a.Siempre<br>b.Muchas veces<br>c.Algunas veces<br>d.Nunca |

## Aprendizaje y evaluación de competencias ciudadanas

Para ejemplificar las actividades de aprendizaje y evaluación dentro y fuera del aula, el presente apartado considerará selectivamente los estándares, y así exponer un recurso pedagógico para el docente. Los estándares se entienden como criterios claros y públicos que permiten establecer cuáles son los niveles básicos de calidad de la educación ciudadana a los que tienen derecho los estudiantes del país. Los Estándares Básicos de Competencias Ciudadanas hacen énfasis en las aptitudes que se deben desarrollar para transformar la acción diaria; son útiles para orientar las iniciativas pedagógicas de las instituciones de acuerdo con su intención y aplicabilidad contextual. Así, los estándares que se presentan a continuación están organizados de acuerdo con los cuatro conjuntos de competencias ciudadanas, por grupos de grados, así: 1 a 3, 4 a 5, 6 a 7, 8 a 9 y 10 a 11.

— Convivencia y paz.
— Participación y responsabilidad democrática.
— Pluralidad, identidad y valoración de las diferencias.
— Respeto y defensa de los Derechos Humanos.

***Figura 18.*** Estándares básicos de competencias ciudadanas

Para cada grupo hay un estándar básico de competencia ciudadana, luego se presentan las actividades necesarias para alcanzar el estándar y, al tiempo, el criterio de evaluación. El orden de las intervenciones pedagógicas del docente dependerá de las prioridades que establezcan las instituciones educativas de acuerdo con su Proyecto Educativo Institucional.

## Convivencia y paz

Formar para la convivencia y la paz implica que niños, niñas y jóvenes cuenten con las competencias y conocimientos necesarios para relacionarse con otras personas de manera pacífica y constructiva, en el respeto por los demás y consientes de sus derechos y deberes, según las normas y la Constitución Política.

### Grado preescolar

Comprende la importancia de valores básicos de la convivencia ciudadana, como la solidaridad y el respeto por sí mismo y por el otro, y los pone en práctica en su contexto cercano (amigos, aula y hogar).

***Tabla 14.*** Actividades y evaluación preescolar

| Actividad | Evaluación |
|---|---|
| Expresar distintos sentimientos mediante gestos, narraciones verbales y dibujos | Comunica su equilibrio personal frente a sus sentimientos con gestos, palabras y acciones |
| Dibujar las señales y normas básicas de tránsito para lograr un desplazamiento cotidiano con seguridad | Reconoce señales y normas de tránsito y las asume como necesarias para la supervivencia |
| Consultar y conocer las reglas básicas del diálogo | Hace un buen uso de la palabra y escucha con respeto en los ambientes de grupo |
| Representar emociones básicas como rabia, tristeza, alegría o temor con ejercicios sencillos | Aprende a manejar sus emociones para no hacer daño a otras personas ni a sí mismo |
| Compartir acciones vividas con personas cercanas | Cuida y se preocupa por las necesidades de las demás personas |
| Leer estrategias sencillas de resolución pacífica de conflictos | Aprende a establecer turnos para hablar, usar un objeto y aliviar el malestar de personas cercanas |

## Grados primero a tercero

Asume de manera pacífica y constructiva los conflictos cotidianos que se pueden presentar con pares y otras personas del medio escolar.

***Tabla 15.*** Actividades y evaluación primero a tercero

| Actividad | Evaluación |
|---|---|
| Realizar y comprender la diferencia entre conflicto y agresión | Demuestra que los conflictos con personas cercanas se resuelven sin agresión<br>Expresa los puntos de vista personales compartiéndolos con quienes presenta conflictos, poniéndose de acuerdo con ellos en una solución |
| Describir múltiples opciones para manejar los conflictos con sus amigos, compañeros y familiares | Establece y cumple normas para la convivencia en la familia, con amigos y compañeros, y en el medio escolar |

| Actividad | Evaluación |
| --- | --- |
| Elaborar mensajes y dibujos sobre el cuidado de sí mismo | Cuida de su cuerpo teniendo hábitos saludables como el deporte, el cepillado de dientes, el consumo de alimentos sanos o el aseo personal, etc |
| Exponer con ideas sustentadas las formas de actuar asertivamente ante situaciones de conflicto | Es capaz de ofrecer disculpas cuando ha hecho algún daño a otros, y logra perdonar a quien le pudo haber ofendido |
| Consultar y exponer sobre los mecanismos para disminuir la intensidad de las emociones | Sabe alejarse temporalmente de situaciones de conflicto que amenazan, intimidan o agreden repetidamente. Sabe utilizar el mecanismo adecuado para aliviar el malestar que genera la agresión |

## Grados cuarto y quinto

Contribuye constructivamente a la convivencia en su medio escolar y en su comunidad (barrio o vereda).

***Tabla 16.*** Actividades y evaluación (Grados cuarto y quinto)

| Actividad | Evaluación |
| --- | --- |
| Conocer y compartir algunos procesos y técnicas de mediación de conflictos | Fomenta el diálogo y entendimiento entre compañeros y sirve de mediador en conflictos cuando las personas involucradas lo autorizan |
| Registrar las necesidades y puntos de vista, de diferentes personas o grupos, en una situación de conflicto | Brinda apoyo o busca alguna manera práctica de ayudar a las personas que están en una situación difícil |
| Estudiar, elaborar y exponer carteles sobre las normas básicas de convivencia | Apela a la mediación escolar y al manual de convivencia cuando considera que necesita ayuda para resolver conflictos con amigos o compañeros |
| Compartir situaciones emocionales, económicas o sociales que afectan las relaciones del grupo escolar o familiar | Asume y actúa con las medidas que pueden y deben tomarse para garantizar una respuesta responsable y solidaria |
| Definir y explicar el espacio público como un patrimonio de todos y para todos | Expresa y demuestra la importancia de cuidar y respetar el espacio público, especialmente en el aula, patios y áreas comunes del colegio |

## Grados sexto a noveno

Construye relaciones pacíficas en su vida cotidiana y contribuye a la convivencia en su comunidad o municipio.

***Tabla 17.*** Actividades y evaluación (Grados sexto a noveno)

| Actividad | Evaluación |
|---|---|
| Realizar análisis de los conflictos que ocurren en todas las relaciones, incluyendo las de pareja | Demuestra un manejo constructivo de sus relaciones con otros mediante la escucha y comprensión de los puntos de vista ajenos |
| Consultar sobre mecanismos constructivos para enfrentar mejor los conflictos | Sabe cómo detenerse y pensar, desahogarse haciendo ejercicio o hablando con amigos |
| Realizar un decálogo de estrategias creativas para enfrentar conflictos | Utiliza la lluvia de ideas para generar diversas opciones y alternativas frente a los conflictos |
| Realizar una mesa redonda sobre los discursos que legitiman la violencia | Analiza críticamente los conflictos entre grupos de su barrio, vereda, municipio o del país |
| Identificar dilemas de la vida cotidiana en los que distintos valores entran en conflicto (por ejemplo, la lealtad y la ley) | Argumenta y debate respetuosamente sobre dilemas de la vida cotidiana en los que distintos valores pueden estar en conflicto, reconociendo los mejores argumentos, aún cuando sean distintos de los propios |
| Realizar encuentros grupales para compartir emociones complejas como el resentimiento y el odio en las diferencias, disgustos o conflictos | Entiende la importancia de mantener expresiones de afecto y cuidado mutuo con sus familiares y amigos, y manifiesta disponibilidad para perdonar a otros |

## Grados décimo y undécimo

Participa constructivamente en iniciativas o proyectos a favor de la no violencia a nivel local o global.

***Tabla 18.*** Actividades y evaluación (Grados décimo y undécimo)

| Actividad | Evaluación |
| --- | --- |
| Documentarse y compartir estrategias basadas en el diálogo y la negociación | Contribuye a que los diferentes tipos de conflictos entre personas y entre grupos se manejen de manera pacífica y constructiva |
| Consultar y conocer, por ejemplo, sobre: la justicia ordinaria, los jueces de paz, los centros de conciliación, las comisarías de familia, la mediación, la negociación o el arbitramento | Utiliza las instancias y mecanismos jurídicos, ordinarios y alternativos, para la resolución pacífica de conflictos |
| Estudiar y referenciar las normas constitucionales, viéndolas como posibilidad de preservar las diferencias culturales y políticas, y de regular la convivencia | Construye una posición crítica propia frente a los conflictos institucionales, locales y nacionales |
| Identificar dilemas de la vida cotidiana en los que entran en conflicto el bien general y el bien particular, y analizar posibles opciones de solución, considerando los aspectos positivos y negativos de cada opción | Argumenta y debate respetuosamente sobre dilemas de la vida cotidiana en los que entran en conflicto el bien general y el bien particular, reconociendo los mejores argumentos aún cuando sean distintos de los propios |
| Compartir en grupos de reflexión las situaciones de violencia institucional y social que afectan su medio | Manifiesta un rechazo no violento frente a las confrontaciones violentas entre compañeros o amigos<br>Expresa satisfacción al participar de iniciativas a favor de la no violencia e insatisfacción cuando no lo hace |

## Participación y responsabilidad democrática

Formar en la participación y responsabilidad implica que niños, niñas y jóvenes participen, desde sus condiciones particulares, del medio en el que interactúan, ya sea la familia, la escuela, el barrio, la localidad, o la vereda y que, en general, sean constructores del bien común.

## Grado preescolar

Participa en la construcción de acuerdos básicos sobre normas para la consecución de metas en común, y las cumple en su contexto cercano (pares, aula, hogar).

***Tabla 19.*** Actividades y evaluación para preescolar

| Actividad | Evaluación |
|---|---|
| Elaborar metas cortas y sencillas para la convivencia en el grupo | Colabora activamente para el logro de metas comunes en su aula, reconociendo la importancia de las normas para conseguir dichas metas |
| Leer y compartir ideas sobre las normas y acuerdos | Comprende qué es un acuerdo y una norma, y expresa las consecuencias implícitas en su incumplimiento |
| Realizar ejercicios guiados sobre los procesos de elección de representantes estudiantiles | Participa en los procesos de elección de representantes estudiantiles con conocimiento de las propuestas de cada candidato |
| Identificar, a partir de lecturas, la importancia del diálogo y la escucha | Expresa sus ideas, sentimientos e intereses en el aula y escucha respetuosamente los de sus compañeros |
| Compartir experiencias personales sobre su participación en el aula y la familia | Expresa su punto de vista cuando se están tomando decisiones colectivas en su aula y en su contexto familiar<br>Manifiesta entusiasmo por su participación en el aula |

## Grados primero a tercero

Participa constructivamente en procesos democráticos en el aula y en el medio escolar.

***Tabla 20.*** Actividades y evaluación (Grados primero a tercero)

| Actividad | Evaluación |
|---|---|
| Estudiar los mecanismos de participación estudiantil y las funciones del gobierno estudiantil en el manual de convivencia | Conoce y sabe usar los mecanismos de participación estudiantil en su medio escolar, exigiendo a sus representantes y asumiendo actitudes de compromiso |
| Elaborar un documento grupal sobre la toma de decisiones | Propone distintas opciones en los procesos de toma de decisiones en su aula y medio escolar |

| Actividad | Evaluación |
| --- | --- |
| Exponer creativamente maneras para vivir la solidaridad | Demuestra solidaridad con sus compañeros y trabaja en equipo de manera constructiva. Colabora con docentes y compañeros en proyectos colectivos orientados hacia el bien común en el aula y en el medio escolar |
| Trabajar un portafolio sobre las relaciones y vida del grupo | Maneja sus propias emociones durante las discusiones grupales. Expresa asertiva, enfática y efectivamente sus puntos de vista y sus intereses durante las discusiones grupales |

## Grados cuarto y quinto

Hace uso de formas y mecanismos de participación democrática en su medio escolar, y conoce algunas formas de organización y participación a nivel comunitario.

***Tabla 21.*** Actividades y evaluación (Grados cuarto y quinto)

| Actividad | Evaluación |
| --- | --- |
| Leer en grupos de debate el manual de convivencia y las normas escolares | Analiza críticamente el manual de convivencia y las normas de su medio escolar; las cumple voluntariamente y participa pacíficamente en su transformación cuando las considera injustas. Participa en el gobierno estudiantil y hace seguimiento a la labor de sus representantes |
| Elaborar, a la luz del manual institucional, un código grupal con normas y acuerdos particulares | Exige el cumplimiento de las normas y acuerdos de su medio escolar a las autoridades, compañeros y a sí mismo |
| Registrar en una bitácora escolar las situaciones, experiencias y conflictos de la institución | Reflexiona sobre el uso del poder y la autoridad en el medio escolar y la comunidad cercana, expresando pacíficamente su descontento cuando considera que se presentan injusticias. Lidera y toma decisiones colectivas en las cuales los intereses de distintas personas, ya sean del medio escolar o de la comunidad, pueden estar en conflicto; propone alternativas que tomen en cuenta dichos intereses |

| Actividad | Evaluación |
|---|---|
| Escribir mensajes y reflexiones sobre el trabajo en grupo, para compartir en sesiones de aula | Escucha y es capaz de expresar en sus propias palabras las razones que dan sus compañeros durante discusiones grupales, incluso cuando no está de acuerdo con ellas. Analiza sus pensamientos y emociones, reflexionando sobre cómo influyen en la forma en que participa de la toma colectiva de decisiones en su medio escolar |
| Realizar mesas redondas sobre los problemas institucionales y familiares que afectan la participación | Comprende que el disenso y la discusión constructiva pueden contribuir al progreso individual y colectivo |

## Grados sexto a noveno

Participa y/o lidera iniciativas democráticas en su medio escolar o comunidad, con criterios de justicia, solidaridad y equidad.

***Tabla 22.*** Actividades y evaluación (Grados sexto a noveno)

| Actividad | Evaluación |
|---|---|
| Consultar y elaborar mapas conceptuales sobre los mecanismos de participación ciudadana consignados en la Constitución Nacional | Analiza y sabe cuándo usar los mecanismos de participación ciudadana consignados en la Constitución Nacional. Comprende que los mecanismos de participación democrática permiten llegar a decisiones con las que podría estar en desacuerdo y que, sin embargo, lo rigen |
| Consultar y elaborar mapas conceptuales sobre los mecanismos de participación ciudadana consignados en la Constitución Nacional | Analiza y sabe cuándo usar los mecanismos de participación ciudadana consignados en la Constitución Nacional<br>Comprende que los mecanismos de participación democrática permiten llegar a decisiones con las que podría estar en desacuerdo y que, sin embargo, lo rigen |
| Realizar debates documentados sobre la información presentada en diferentes medios de comunicación | Analiza críticamente la información que circula en diferentes medios de comunicación, expresando puntos de vista para el interés grupal |
| Explicar gráficamente distintas estrategias para generar diversas opciones y alternativas frente a decisiones colectivas | Utiliza estrategias creativas, como la lluvia de ideas, para generar diversas opciones y alternativas frente a decisiones colectivas |

| Actividad | Evaluación |
|---|---|
| Crear un grupo de seguimiento y veeduría que apoye al gobierno escolar frente a las distintas situaciones y conflictos institucionales | Participa en la planeación y ejecución de acciones grupales que contribuyen a aliviar la situación de personas en desventaja que pertenecen a su comunidad<br>Ejerce un seguimiento crítico al desempeño de los representantes en su medio escolar y protesta pacíficamente cuando alguno no cumple con sus funciones o abusa de su poder<br>Analiza críticamente sus ideas y niveles de participación en el medio escolar y en su comunidad |

## Grados décimo y undécimo

Conoce y sabe usar los mecanismos de participación constitucionales que le permiten expresar sus opiniones y participar en la toma de decisiones políticas tanto a nivel local como a nivel nacional.

***Tabla 23.*** Actividades y evaluación (Grados décimo y undécimo)

| Actividad | Evaluación |
|---|---|
| Resumir y explicar al grupo el sentido de las leyes y los mecanismos constitucionales | Analiza críticamente el sentido de las leyes, comprende la importancia de cumplirlas a pesar de no compartirlas y sabe que puede hacer uso de mecanismos constitucionales para transformarlas cuando las considera injustas |
| Realizar debates y exposiciones documentadas sobre los eventos principales de la realidad social, a nivel local y global | Analiza críticamente y debate con argumentos y evidencias los eventos principales de la realidad social local y global, comprendiendo las consecuencias de estos hechos en su propia vida |
| Estudiar críticamente el manual de convivencia escolar | Participa de iniciativas para evaluar y modificar el manual de convivencia, aportando desde lo personal y a través del gobierno escolar |
| Estudiar críticamente el manual de convivencia escolar | Comprende que en un Estado de Derecho todos los ciudadanos deben poder participar directa o indirectamente en la creación o transformación de las leyes, y que éstas se aplican a todos por igual |
| Consultar sobre grupos e instituciones juveniles que participan de la vida social | Participa de los grupos e instituciones que funcionan en su medio escolar o localidad<br>Participa en manifestaciones pacíficas de rechazo y/o de solidaridad ante las situaciones de |

| Actividad | Evaluación |
|---|---|
| | desventaja (social, económica o de salud) que viven personas de su localidad, región o del país |
| Realizar un ensayo sobre lo público | Comprende qué es un bien público y participa en acciones que velan por su buen uso, tanto en la institución escolar como en la comunidad y el municipio. Comprende que la corrupción afecta negativamente a todos los miembros de la sociedad, porque es una práctica en la que un individuo o grupo se apropia de los bienes públicos |

## Pluralidad, identidad y valoración de las diferencias

La formación en la pluralidad, identidad y valoración de las diferencias humanas permite reconocer y valorar a quienes son diferentes, de tal forma que sea posible evitar las manifestaciones de discriminación, favoreciendo la construcción de la autoestima de la diversidad cultural.

### Grado preescolar

Identifica y respeta las diferencias y semejanzas que se pueden dar con los demás y rechaza situaciones de exclusión o discriminación en su familia, con sus amigos y en su aula.

***Tabla 24.*** Actividades y evaluación para preescolar

| Actividad | Evaluación |
|---|---|
| Identificar en imágenes y colorear en guías las diferencias y semejanzas entre sí mismo y los demás, desde parámetros como género, grupo étnico, aspectos físicos u origen social | Reconoce, acepta y convive respetuosamente con compañeros, amigos y demás personas a su alrededor |
| Conocer costumbres, gustos, sentimientos, pensamientos y experiencias, personales y de los otros, a partir de diversos relatos que expongan múltiples características culturales | Valora positivamente las semejanzas y diferencias con sus compañeros y familiares, y reconoce las características personales y de los otros |

| Actividad | Evaluación |
|---|---|
| Compartir experiencias en las que el estudiante haya hecho sentir mal a otra persona excluyéndole, burlándose o poniendo apodos ofensivos | Manifiesta desagrado cuando le excluyen o rechazan a alguien en su entorno por cualquier razón, expresando su molestia de manera no violenta |
| Comparar situaciones preparadas en las que hay discriminación o exclusión | Reconoce momentos en los que ha sido aceptado y/o rechazado a alguien, explicando los motivos por los cuales es importante aceptar a las personas |
| Realizar ejercicios deportivos y artísticos en los que se trabaje con distintos compañeros | Manifiesta agrado al trabajar y reconocer la existencia de varios grupos y poder compartir con más compañeros |

## Grados primero a tercero

Reconoce y rechaza las situaciones de exclusión o discriminación en su medio escolar.

***Tabla 25.*** Actividades y evaluación (Grados primero a tercero)

| Actividad | Evaluación |
|---|---|
| Elaborar un trabajo escrito y con imágenes sobre su origen cultural y el origen cultural de otros grupos sociales | Reconoce y respeta las semejanzas y diferencias propias y de los demás.<br>Valora la existencia de múltiples diferencias entre los seres humanos y comprende que representan una oportunidad para construir nuevos conocimientos y nuevas formas de relación |
| Mediante un trabajo en grupo se realizan collages creativos sobre algunas formas de discriminación (cultural, de género, religiosa, étnica, social, generacional, económica, por capacidades, habilidades y limitaciones individuales) presentes en su medio escolar | Colabora con sus docentes y compañeros en la concertación de normas y acciones para evitar la discriminación.<br>Reflexiona sobre las consecuencias de la discriminación para las personas y para la convivencia en su medio escolar |
| Compartir los sentimientos que le genera el ser excluido o discriminado y los que pueden sentir las personas cuando son excluidas o discriminadas | Expresa empatía (sentimientos parecidos o compatibles con los de otros) frente a personas excluidas o discriminadas |

| Actividad | Evaluación |
|---|---|
| Hacer una descripción personal sobre sus características físicas, emocionales, sociales y culturales | Comparte su descripción y escucha la de sus compañeros manifestando interés y valorando las diferencias |

## Grados cuarto y quinto

Identifica y rechaza las diversas formas de discriminación en su medio escolar y en su comunidad; analiza críticamente las razones que pueden favorecer estas discriminaciones.

***Tabla 26.*** Actividades y evaluación (Grados cuarto y quinto)

| Actividad | Evaluación |
|---|---|
| Empleando la Declaración Universal de los Derechos Humanos y la Constitución Nacional, leer, resumir y representar los motivos que explican por qué las personas tienen derecho a no ser discriminadas | Comprende el concepto y las consecuencias negativas de cualquier forma de discriminación. Expresa el compromiso de relacionarse con otras personas y grupos. Analiza críticamente sus pensamientos y acciones cuando está involucrado en situaciones de discriminación, ya sea contribuyendo directamente a la discriminación o no haciendo lo posible por impedirla |
| Empleando la Declaración Universal de los Derechos Humanos y la Constitución Nacional, leer, resumir y representar los motivos que explican por qué las personas tienen derecho a no ser discriminadas | Comprende el concepto y las consecuencias negativas de cualquier forma de discriminación Expresa el compromiso de relacionarse con otras personas y grupos Analiza críticamente sus pensamientos y acciones cuando está involucrado en situaciones de discriminación, ya sea contribuyendo directamente a la discriminación o no haciendo lo posible por impedirla |
| Consultar y exponer aspectos de los diversos grupos sociales (inmediatos, locales, regionales, nacionales y trasnacionales) | Comprende la forma en que la pertenencia a determinados grupos también forma parte de su identidad |
| Analizar situaciones documentadas sobre las personas excluidas | Toma una posición crítica sobre la exclusión y la inclusión social Reconoce el cuidado especial que deben recibir niños, adultos de la tercera edad y personas con discapacidades, en los espacios privados y públicos |

| Actividad | Evaluación |
|---|---|
| Elaborar y compartir narraciones sobre la identidad individual y social | Identifica y respeta las diversas identidades de las personas en su medio escolar y comunidad<br>Comprende que existen diversas formas de expresar las identidades<br>Identifica sus reacciones emocionales ante personas o grupos que tienen intereses o gustos diferentes a los propios; reflexiona sobre la forma como esas emociones influyen en su trato hacia esas personas |

## Grados sexto a noveno

Rechaza las distintas situaciones de discriminación y exclusión social en el país; comprende sus posibles causas y las consecuencias negativas para la sociedad.

***Tabla 27.*** Actividades y evaluación (Grados sexto a noveno)

| Actividad | Evaluación |
|---|---|
| Consultar y esquematizar expresiones relacionadas con los conceptos de exclusión, discriminación e intolerancia para con la diferencia | Comprende que la discriminación y la exclusión social pueden tener consecuencias negativas, como la desintegración de las relaciones entre personas o grupos, la pobreza o la violencia<br>Analiza sus propias prácticas cotidianas, identificando la forma en que sus acciones u omisiones pueden contribuir a la discriminación de personas o grupos |
| Realizar debates sobre dilemas de la vida cotidiana, relacionados con problemas de exclusión y discriminación | Participa respetuosamente de los debates y analiza con argumentos los distintos aspectos tratados, reconociendo las mejores posiciones que rechazan cualquier discriminación<br>Identifica situaciones relacionadas con problemas de exclusión y discriminación |
| Hacer exposiciones documentadas sobre la nación multiétnica y pluricultural | Identifica y reconoce la multiplicidad de elementos étnicos y culturales de la nación<br>Comprende el significado y la importancia de vivir en una nación multiétnica y pluricultural |
| Hacer exposiciones documentadas sobre la nación multiétnica y pluricultural | Está abierto y respeta las propuestas éticas y políticas de diferentes culturas y grupos sociales y políticos, comprendiendo que los disensos son legítimos |

| Actividad | Evaluación |
| --- | --- |
| Preparar y realizar una mesa redonda sobre temas actuales de disenso social y político, como la orientación sexual | Comprende que la orientación sexual hace parte del libre desarrollo de la personalidad y rechaza cualquier discriminación asociada a ella<br>Manifiesta indignación y rechazo no violento frente a cualquier tipo de discriminación en su municipio o en el país; apoya iniciativas para la prevención de dichas situaciones |

## Grados décimo y undécimo

Expresa su rechazo ante toda forma de discriminación o exclusión social, haciendo uso de los mecanismos democráticos que implican la superación de la discriminación y el respeto a la diversidad.

***Tabla 28.*** Actividades y evaluación (Grados cuarto y quinto)

| Actividad | Evaluación |
| --- | --- |
| Consultar y exponer situaciones de discriminación y exclusión social que resultan de las relaciones desiguales de poder entre las personas, culturas y naciones | Construye una posición crítica frente a las situaciones de discriminación y exclusión social que resultan de las relaciones desiguales de poder entre las personas, culturas y naciones |
| Mediante grupos de reflexión, proponer dilemas de la vida cotidiana en los que valores de distintas culturas o grupos sociales pueden entrar en conflicto | Analiza los aspectos positivos y negativos de cada dilema.<br>Argumenta y debate respetuosamente sobre dilemas de la vida cotidiana en los que los valores de distintas culturas o grupos sociales entren en conflicto, reconociendo los mejores argumentos aún cuando sean distintos de los propios |
| Elaborar líneas de tiempo que representen las situaciones de discriminación y exclusión más agudas en el orden nacional e internacional, en el pasado y el presente | Conoce las situaciones de discriminación y exclusión más agudas en el orden nacional e internacional, en el pasado y en el presente, y logra establecer relaciones entre esas situaciones y las discriminaciones de la vida cotidiana |
| Consultar y explicar las formas en que se vulneran los Derechos Humanos y las normas constitucionales | Comprende que el respeto por la diferencia no implica que se deba aceptar que otras personas o grupos vulneren los Derechos Humanos o las normas constitucionales |

## Respeto y defensa de los Derechos Humanos

Promover el respeto y la defensa de los derechos y deberes ciudadanos es formar a niños, niñas y jóvenes como personas justas, capaces de equilibrar el ejercicio de sus derechos con el cumplimiento de sus deberes, para que sean responsables y elijan modalidades de actuación en las que esté presente siempre el otro con sus derechos.

### Grado preescolar

Identifica las situaciones de maltrato en su contexto cercano (amigos, aula, hogar), y las personas a las que puede acudir para pedir ayuda y protección.

***Tabla 29.*** Actividades y evaluación para preescolar

| Actividad | Evaluación |
|---|---|
| A partir del uso de imágenes, noticias, experiencias y videos seleccionados, identificar las acciones que afectan las relaciones entre las personas | Comprende que sus acciones (por ejemplo, burlarse de un par) pueden afectar a las personas cercanas y que las acciones de otros le pueden afectar<br>Identifica los sentimientos de las personas cercanas (amigos, familiares y compañeros) que no reciben un buen trato |
| Contar y compartir con el grupo los abusos y situaciones de maltrato | Manifiesta desagrado y molestia ante las situaciones de abuso y maltrato que se dan a su alrededor.<br>Reconoce que tiene derecho a recibir buen trato y pedir cuidado y amor |
| Acordar y consignar normas que pueden ayudar a prevenir el maltrato en el aula, en el juego y en otros espacios de la vida escolar y familiar | Comprende que las normas pueden ayudar a prevenir el maltrato.<br>Comprende que nada justifica el maltrato infantil y que todo maltrato se puede evitar<br>Expresa el compromiso por el buen trato |
| Elaborar un pequeño portafolio con frases e imágenes que expongan ejemplos del cuidado a los animales, plantas y otros recursos del medio ambiente | Muestra preocupación porque los animales, plantas y otros recursos del medio ambiente no sean maltratados y reciban el cuidado que necesitan.<br>Denuncia abusos y maltratos ante su profesor/a o ante miembros de su familia |

### Grados primero a tercero

Identifica situaciones en las que se vulneran los derechos de los/as niños/as y contribuye a su protección y promoción en el medio escolar y familiar.

***Tabla 30.*** Actividades y evaluación (Grados primero a tercero)

| Actividad | Evaluación |
|---|---|
| Elaborar una cartilla sobre los derechos fundamentales de niños y niñas | Conoce los derechos fundamentales de los niños y niñas, incluyendo el derecho a tener una familia y no ser separados de ella, al cuidado y amor, a la libre expresión de la opinión, a la salud, a la educación, a la recreación y a la alimentación equilibrada. Reconoce que niños y niñas son personas con igual valor y derechos |
| Consultar y exponer aspectos relacionados con las instituciones y autoridades legales ante las cuales se puede pedir la defensa y protección de los derechos de los niños y niñas Organizar el directorio para el aula y la casa | Identifica las instituciones y autoridades legales ante las cuales se puede pedir la defensa y protección de los derechos de los niños y niñas, y demanda de ellas apoyo cuando lo requiere. Exige respeto por derechos como la privacidad e intimidad personal |
| Registrar en un cuaderno especial las distintas situaciones familiares, institucionales, locales y nacionales en que se actúa en contra de los derechos de los niños, amigos, familiares, compañeros y colombianos en general | Identifica las ocasiones en que actúa en contra de los derechos de sus compañeros y comprende por qué esas acciones vulneran derechos. Identifica cómo se sienten otros niños de su entorno cuando se les vulneran sus derechos. Manifiesta desagrado cuando observa que se vulneran sus derechos o los derechos de alguien cercano (amigos, compañeros o familiares), y cuenta lo sucedido a alguna autoridad, profesor o familiar |
| Elaborar y exponer carteles sobre medidas para el cuidado de los animales y el medio ambiente de su entorno cercano | Contribuye al cuidado de los animales y el medio ambiente en su entorno cercano, asumiendo compromisos en ese sentido y difundiendo lo que piensa |

## Grados cuarto y quinto

Identifica y rechaza las situaciones en que se vulneran los derechos fundamentales de las personas en el medio escolar y comunitario (barrio o vereda).

***Tabla 31.*** Actividades y evaluación (Grados cuarto y quinto)

| Actividad | Evaluación |
|---|---|
| Leer y elaborar comentarios sobre la Declaración Universal de los Derechos Humanos, y comparar en tablas su relación con los derechos fundamentales enunciados en la Constitución Nacional | Conoce, entiende y difunde los Derechos Humanos y los derechos fundamentales enunciados en la Constitución Nacional<br>Reconoce que los derechos se basan en que todos los seres humanos son en esencia iguales, aún cuando cada persona tenga hábitos de vida diferentes<br>Comprende que todas las familias tienen derecho al trabajo, la salud, la vivienda, la propiedad, la educación y la recreación |
| Elaborar guías que trabajen los elementos constitucionales para la protección de los derechos fundamentales y la forma cómo se aplican en la vida cotidiana | Conoce los mecanismos constitucionales para la protección de los derechos fundamentales (por ejemplo, la Acción de Tutela) y comprende cómo se aplican en la vida cotidiana |
| Presentar un estudio grupal de las consecuencias que pueden tener las propias acciones sobre los derechos y libertades de las personas en el medio escolar o en la comunidad | Respeta y defiende las libertades de las personas en el medio escolar o en la comunidad, incluyendo la libertad de expresión, de conciencia, de pensamiento, de culto y del libre desarrollo de la personalidad.<br>Comprende cómo se sienten las personas a quienes no se les respetan sus libertades o derechos fundamentales<br>Manifiesta un rechazo no violento cuando observa que se vulneran las libertades de las personas a su alrededor y expresa su inconformidad ante las autoridades apropiadas |
| Proponer y liderar una campaña escolar por el respeto a la vida de los seres humanos, de los seres vivos y del medio ambiente en general | Difunde y trabaja por el respeto a la vida mediante acciones dirigidas a la prevención de riesgos como ignorar señales de tránsito, conducir bajo el efecto del alcohol o a alta velocidad, portar armas de fuego, etc.<br>Reconoce y expresa que los seres vivos y el medio ambiente representan un recurso único e irrepetible que merece respeto y consideración |

## Grados sexto a noveno

Comprende, valora y defiende los derechos civiles y políticos (al buen nombre, el debido proceso, de asociación, a elegir, ser elegido, a pedir asilo y al trato justo, entre otros).

***Tabla 32.*** Actividades y evaluación (Grados sexto a noveno)

| Actividad | Evaluación |
|---|---|
| Realizar un estudio documentado sobre las características básicas del Estado de Derecho y la forma como se garantizan los derechos de los ciudadanos | Comprende las características básicas del Estado de Social de Derecho y su importancia para garantizar los derechos de los ciudadanos Cuestiona y analiza críticamente las acciones que el Estado y los ciudadanos cometen contra los derechos de los colombianos |
| Elaborar carteleras institucionales relacionadas con las organizaciones y organismos de protección y defensa de los derechos, y con mecanismos constitucionales y legales de exigibilidad de los derechos civiles y políticos | Promueve el conocimiento de algunas organizaciones y organismos de protección y defensa de los derechos, y de la forma de usar algunos mecanismos constitucionales y legales de exigibilidad de los derechos civiles y políticos |
| Realizar charlas documentadas que trabajen las situaciones en las que se vulneran los derechos civiles y políticos en el contexto escolar, comunitario y nacional | Identifica y analiza críticamente las situaciones en las que se vulneran los derechos civiles y políticos en el contexto escolar, comunitario y nacional. Analiza sus prácticas cotidianas identificando la forma en que sus acciones u omisiones contribuyen al respeto o vulneración de los derechos civiles y políticos (por ejemplo en el funcionamiento del gobierno escolar) |
| Analizar en mesas redondas algunos dilemas de la vida cotidiana en los que distintos derechos, o los derechos de distintas personas, pueden estar en conflicto | Desde los dilemas reflexiona sobre posibles opciones de resolución, considerando los aspectos positivos y negativos de cada opción. Argumenta y debate respetuosamente sobre dilemas de la vida cotidiana en los que distintos derechos, o los derechos de distintas personas, puedan estar en conflicto, reconociendo los mejores argumentos aún cuando sean distintos de los propios |

| Actividad | Evaluación |
| --- | --- |
| Hacer un estudio histórico de aquellos grupos cuyos derechos han sido vulnerados (grupos étnicos minoritarios y excluidos, personas con necesidades especiales, mujeres, comunidad LGBTI, etc.) | Conoce, respeta y promueve los derechos de aquellos grupos que han sido históricamente vulnerados (la comunidad LGBTI, los grupos étnicos minoritarios y excluidos, la mujeres, las personas con necesidades especiales, etc.) Manifiesta indignación cuando observa que se vulneran los derechos civiles y políticos de personas o grupos del país, y propone acciones no violentas para impedirlo |

## Grados decimo y undécimo

Analiza críticamente la situación de los Derechos Humanos en Colombia y en el mundo, y propone alternativas de acción para su promoción y defensa.

***Tabla 33.*** Actividades y evaluación (Grados décimo y undécimo)

| Actividad | Evaluación |
| --- | --- |
| Consultar y explicar en un foro estudiantil los principios básicos del Derecho Internacional Humanitario (por ejemplo, la necesidad de proteger la población civil en un conflicto armado) | Conoce los principios básicos del Derecho Internacional Humanitario (por ejemplo, la necesidad de proteger la población civil en un conflicto armado).<br>Comprende el papel del Derecho Internacional Humanitario (DIH) en la protección de los Derechos Humanos durante situaciones de guerra y conflicto armado |
| A partir de un análisis previo, exponer situaciones de abuso y violación de derechos | Participa en la reflexión y el análisis de situaciones de abuso y violación de derechos, proponiendo alternativas para la defensa de los Derechos Humanos<br>Analiza críticamente las decisiones de distintas personas o grupos, a nivel nacional e internacional, que pueden afectar los Derechos Humanos<br>Utiliza diversas formas de expresión para defender y promover los Derechos Humanos en el contexto escolar y comunitario |
| Desarrollar un debate sobre los derechos sexuales y reproductivos (por ejemplo, el de la planificación familiar) | Comprende la importancia de los derechos sexuales y reproductivos (por ejemplo, el de la planificación familiar).<br>Expresa alternativas solidarias ante grupos o personas que han visto vulnerados sus derechos sexuales y reproductivos |

| Actividad | Evaluación |
| --- | --- |
| Promover una campaña escolar que busque la protección del medio ambiente local y global | Comprende la importancia de la defensa del medio ambiente, a nivel local y global, y participa en iniciativas que tiendan a su protección |

# Epílogo

# Perfil del docente formador en competencias ciudadanas

La idea del docente como formador de competencias ciudadanas implica algunos elementos fundamentales que se expondrán durante este epílogo. No se puede desconocer que los docentes han sido quienes han llevado a la práctica las grandes tareas pedagógicas; siempre han jugado un papel esencial en la historia de la educación y se han ganado un lugar desde el cual han facilitado la construcción del conocimiento y han mediado en la consolidación de relaciones.

En la actualidad, cuando las exigencias son mayores y la preocupación por formar integralmente es una prioridad en el trabajo escolar, surgen retos como la estructuración de unas competencias esenciales para desenvolverse en el mundo de la vida práctica. Dichas habilidades se refieren al dominio del saber científico, a la apropiación de unas destrezas laborales y, para el tema que nos ocupa, a la construcción de unas competencias ciudadanas que permitan la convivencia desde el respeto y la alteridad.

Sin embargo, la labor docente no se limita a las acciones señaladas; junto a ellas la sociedad demanda del educador el ejercicio definitivo de formar nuevas y mejores generaciones, razón que pone al orden del día la función social de sus acciones. Este compromiso social se ha vuelto complejo, pues le exige la cualidad de apropiarse de los saberes de un campo disciplinar para ser capaz de enfrentar los retos de la sociedad contemporánea. Cuando se piensa en el docente como en el profesional formador que comparte más tiempo con niños y jóvenes, se hace evidente la importancia social de su trabajo y las diversas responsabilidades que implica; en la actualidad enfrenta los retos de su disciplina, y a ellos se suman otros que demanda la sociedad.

## Habilidades del docente formador en competencias ciudadanas

Lo dicho anteriormente implica unas exigencias fundamentales para la dinámica escolar, en ese sentido, es conveniente señalar diez acciones propias del docente comprometido con la formación de los estudiantes.

1. Además de conocer su disciplina y los medios para lograr la comprensión y aprendizaje, el docente necesita saber comunicarse, escuchar activa y respetuosamente las diferentes posturas, incluir y valorar las

diferencias e identificar sus emociones y las de los estudiantes para encauzarlas de manera constructiva.

2. En la práctica diaria los docentes se relacionan con los estudiantes y sus expectativas, las cuales son tan diversas como su número y, se quiera o no, se comprometen con las particularidades de cada uno, no solo en el saber, sino en los rasgos y modos de ser; ello hace que tengan gran afán por actualizar los conocimientos y desarrollar constantemente habilidades y actitudes que les permitan responder al desarrollo de lo que deben saber, saber hacer y ser los alumnos. Al tiempo, les lleva a promover ambientes democráticos que permitan el diálogo de saberes, en el que cada cual participa en la construcción mediante el reconocimiento de buenos argumentos y la autocrítica.
3. El docente se presenta como ejemplo de vida, imagen de autoridad y respeto, es fuente de inspiración para el desarrollo de valores sociales como la tolerancia, la honestidad, la justicia y la equidad, y motor para evidenciar y proteger el valor social de las diferencias culturales. Además, cuando el estudiante advierte la solidaridad y la cooperación entre sus profesores, se motiva para desarrollar esas prácticas y lograr sus objetivos personales y académicos.
4. El docente tiene la habilidad de usar estrategias basadas en la resolución de problemas, que desarrollan la capacidad de análisis y el pensamiento crítico, así como las habilidades de expresión oral y escrita de los estudiantes. Estratégicamente, debe ser capaz de organizar equipos de trabajo orientados al logro de metas y aprendizajes más eficaces y placenteros, y de fomentar mejores relaciones entre los estudiantes y de ellos con los profesores.
5. Sus conocimientos conceptuales deben estar basados en diversas teorías que le permitan jugar e intercambiar varios métodos y experiencias. En tal sentido, está en capacidad de emplear los diferentes medios y tecnologías de información y comunicación con los que el niño interactúa a diario. Estos recursos le permiten acercarse al mundo contemporáneo.
6. Formar personas que participen vivamente en la construcción de la sociedad es una meta que precisa de conocimientos, competencias y valores específicos. Desde las diferentes disciplinas, en las áreas obligatorias y optativas, y por medio de los proyectos educativos, los maestros contribuyen al conocimiento de la realidad presente y pasada; al situar a los estudiantes en este escenario aportan a la posibilidad de crear proyectos de vida política e individual que dan capacidad de desempeño, esperanza y sentido de futuro a las nuevas generaciones.

Por medio del desarrollo de competencias, contribuyen a la edificación de tejido social, impulsando lo que los estudiantes son, saben y saben hacer, para lograr que participen activa y constructivamente en la sociedad, siempre propendiendo por el bien común.

7. Hoy es claro que el docente requiere de habilidades conversacionales (aptitudes y actitudes para establecer diálogos que logren expandir el horizonte de posibilidades y la capacidad de acción de los interlocutores), merced al desarrollo de competencias para escuchar, hablar (moviéndose asertivamente en los diferentes actos de habla), construir significados y sentidos compartidos, y consensuar rumbos de acción. Desarrollar habilidades conversacionales le permite comprender a sus estudiantes desde una escucha activa y generar un habla que respeta, asume, valora y convoca.
8. El análisis investigativo ha demostrado que los seres humanos están constituidos por múltiples dominios, como el lenguaje, la razón, la voluntad, las emociones, la corporalidad y la espiritualidad, y que todos ellos intervienen complementariamente como motores de las actuaciones. La perspectiva de la integralidad enfoca las acciones educativas hacia los múltiples dominios humanos, generando resultados efectivos en los aprendices, independientemente del campo de trabajo. Por su parte, a los docentes les permite dejar de asumirse como enseñantes para centrarse en los aprendizajes de sus estudiantes; lo integral les lleva a aumentar su sentido de la vida como docentes, a recuperar, incrementar y consolidar su autoridad ante los educandos, a tener una mayor motivación, a disminuir el síndrome de estrés laboral, a un aprendizaje de cultura democrática y a obtener mayores desarrollos profesionales.
9. El docente no solo enseña lo que sabe. Los estudiantes aprehenden también de sus profesores, y primordialmente de lo que ellos son, lo cual se manifiesta en el tipo de interacciones que los docentes agencian en el ambiente educativo con sus actitudes y actuaciones. El cómo se enseña termina siendo el qué se enseña, y el cómo se enseña está relacionado con lo aprendido por los docentes en sus historias pedagógicas y didácticas.
10. Las prácticas pedagógicas, el diseño curricular, los objetivos institucionales, las necesidades de aprendizaje individual y colectivo, deben estar armonizados entre sí, para que la eficacia escolar esperada sea posible. En consecuencia, la evaluación es una actividad fundamental del saber hacer del docente, pues solo a través de la aplicación de

pruebas y de un proceso de autoevaluación continuo, se cuenta con la información necesaria para mejorar la práctica cotidiana (Pérez, 2011).

## Contexto escolar del maestro formador en competencias

Para avanzar hacia un sistema educativo de calidad que forme integralmente a los estudiantes y alcance los fines de la educación, las escuelas deben transformarse en organismos con una óptica de mejora continua y de búsqueda de la excelencia, a partir del fortalecimiento de sus capacidades como auto observadores reflexivos que aprenden de su propia práctica, la sistematizan y transforman permanentemente, y socializan el conocimiento producido con sus pares.

Por eso es común que aunque los docentes tengan claro qué tipo de ambiente de aprendizaje deben construir en el aula y en la escuela, interiormente no tengan con qué hacerlo, pues su cosmovisión, los paradigmas desde donde observan el mundo, les otorgan significado e interactúan, les lleva a generar en la práctica cotidiana ambientes contrarios a sus propósitos. Ello se debe a que no se aborda esta temática en los procesos de formación inicial o continua, ya que se da por sentado que lo único que requieren los docentes para aportar en la construcción esos ambientes deseables es una batería de pedagogías y de didácticas.

Hoy, además de la pedagogía y la didáctica, se han desarrollado otras ciencias humanas que contribuyen a una mayor efectividad en el ambiente escolar. Las teorías sobre estilos de aprendizaje, entendidos como los rasgos cognitivos, afectivos y fisiológicos que determinan cómo perciben los estudiantes las interacciones y responden a sus ambientes de aprendizaje[2], confirman esta diversidad y proponen caminos para mejorar los aprendizajes. Comprender y apropiarse de la integralidad y multidimensionaldad del ser humano permite al docente el diseño de ambientes escolares y la práctica de estilos de enseñanza que conjugan dicha multiplicidad desde su campo pedagógico y didáctico.

Al tiempo, es importante destacar que el conjunto de aspectos del contexto educativo, el cual se relaciona con los docentes y directivos docentes, es el que permite al educador sentirse a gusto en su escuela y en el aula de clase, facilitándoles un óptimo desempeño; tal conjunto se caracteriza por:

- El liderazgo democrático de los directivos.
- La corresponsabilidad de todos los agentes educativos institucionales en la transversalidad de la generación de un clima apropiado de trabajo.

2 Es decir, la manera en que estructuran los contenidos, forman y utilizan conceptos, interpretan la información, resuelven los problemas, seleccionan medios de representación y recuperan lo aprendido.

- La comunicación efectiva y dialógica dentro de la institución, asentada en la expansión de la capacidad de escucha de los directivos y docentes.
- Las relaciones respetuosas, acogedoras, participativas y cálidas, dentro y fuera del aula, entre los miembros de la institución.
- Las relaciones participativas de la institución con el entorno escolar.

Para finalizar, es necesario destacar que la formación de competencias ciudadanas implica avanzar hacia la construcción de una cultura solidaria, que permita formar el sentido de la vida hacia un convivir en el cuidado, el respeto a la diferencia, la concertación y la equidad. Por ello se hace indispensable que los docentes profundicen en su comprensión de los trasfondos culturales que operan en toda acción humana, de modo que puedan orientar su trabajo hacia el cambio cultural.

# Referencias

Chaux, E. (2004). *Competencias ciudadanas: de los estándares al aula*. Bogotá: Uniandes.

Frade, L. (2009). *Desarrollo de competencias en educación básica*. México: Calidad educativas Consultores.

Instituto Colombiano para la Evaluación de la Educación Superior (ICFES). (2012). *Módulo de competencias ciudadanas, Pruebas Saber pro 2013-1*. Bogotá: ICFES.

Instituto Colombiano para la Evaluación de la Educación Superior (ICFES). (2012). *Pruebas Saber 3o., 5o. y 9o. Lineamientos para las aplicaciones muestral y censal*. Bogotá: ICFES.

Jelin, E. (1997). Ciudadanía en el debate contemporáneo. *Cuadernos de estudios políticos*, Año 3, No. 7.

Justicia, F., y Cano, F. (1996). Los procesos y las estrategias de aprendizaje. *Psicología de la instrucción, Vol. 2: componentes cognitivos y afectivos del aprendizaje escolar*. Barcelona: EUB.

Mastache A. (2001). *Formar personas competentes*. Buenos Aires: Centro de publicaciones Educativas.

Ministerio de Educación Nacional (MEN). (1994). *Ley general de educación*. Bogotá: MEN.

Ministerio de Educación Nacional. (MEN). (2003). *Estándares básicos de competencias ciudadanas. Educación Básica y Media*. Bogotá: MEN.

Ministerio de Educación Nacional (MEN). (2004). *Estándares Básicos de Competencias Ciudadanas: Formar para la Ciudadanía*. Bogotá: MEN, Serie Guías, No. 6.

Ministerio de Educación Nacional (MEN). (2006). *Estándares Básicos de Competencias en Lenguaje, Matemáticas, Ciencias y Ciudadanas*. Bogotá: MEN.

Ministerio de Educación Nacional (MEN). (2012). *Camino hacia las competencias ciudadanas*. Bogotá: MEN.

Ministerio de Educación Nacional (MEN). (2013). *¿Cómo entender las pruebas saber?* Bogotá: MEN.

Mockus, A., y Corzo, J. (2003). *Cumplir para convivir. Factores de convivencia y su relación con normas y acuerdos*. Bogotá: Universidad Nacional de Colombia, Instituto de Estudios Políticos y Relaciones Internacionales.

Pérez, T. (2011). Educar para convivir en comunidad. Paradigmas y estrategias para construir cultura democrática desde la escuela. *Reflexión e investigación, Revista del Congreso: por una educación de calidad*, No. 4. Bogotá: Editorial gente nueva.

Presidencia de la República. (1991). *Constitución Política de Colombia*. Bogotá: Imprenta Nacional.

Ruiz, A., y Chaux, E. (2005). *La formación de competencias ciudadanas*. Bogotá: Asociación colombiana de facultades de educación-Ascofade.

www.ingramcontent.com/pod-product-compliance
Lightning Source LLC
LaVergne TN
LVHW080205180826
845678LV00023BA/1751

* 9 7 8 9 5 8 2 0 1 2 7 9 3 *